MORIR ES VIVIR

y otros sermones

MELVIN L. HODGES

DEDICADOS A LA EXCELENCIA

EDITORIAL VIDA es un ministerio misionero internacional cuyo propósito es proporcionar los recursos necesarios para evangelizar con las buenas nuevas de Jesucristo, hacer discípulos y preparar para el ministerio al mayor número de personas en el menor tiempo posible.

ISBN 0-8297-1839-7

Categoría: Sermones

Edición en idioma español

Deerfield, Florida 33442-8134

Cubierta diseñada por Gustavo Camacho

Índice

3. El desarrollo espiritual

4. El evangelismo y la extensión de la iglesia

6. Fundación de iglesias

7. Ocasiones especiales

8. Teología

Prólogo

Mi esposo, Melvin L. Hodges, era un hombre de LA PALABRA. Estudiarla era su pasión, predicarla su deleite. Vivió por los conceptos de ella y terminaba cada día leyendo el Nuevo Testamento en el griego.

Su dedicación a LA PALABRA y los dones que él poseía permitieron que escribiera artículos y libros sobre numerosos temas. Su ministerio en el púlpito se identifica con el desarrollo de la obra de Dios a través del continente latinoamericano y el Caribe. Me es grato, por lo tanto, presentarles a los apreciados y abnegados ministros de la iglesia de Cristo algunos bosquejos de sermones que mi esposo predicó en sus largos años de ministerio.

Se merece una magna deuda de gratitud el muy apreciado hermano Floyd Woodworth W. por sus esfuerzos en la redacción y el formato de los sermones. También merece honda gratitud mi hija, Miriam, por numerosas horas pasadas en la transcripción a máquina de las notas escritas a mano en papeles ya amarillentos por los años y el constante uso.

Finalmente, deseo expresar mis más caros agradecimientos al estimado director ejecutivo de Misiones Mundiales de las Asambleas de Dios de los Estados Unidos, Lorenzo O. Triplett, el cual ha promovido y hecho posible esta publicación.

Ruego a Dios que el contenido de este libro sea de bendición y ayuda a los ministros y estudiantes de LA PALABRA en todo el mundo de habla española.

En el amor de Cristo,

Loida V. de Hodges

Introducción

Hemos recibido una herencia. Un tesoro de instrucción, exhortación, motivación y edificación yace en este tomo, que el predicador podrá desenterrar sin dificultades. Vuelve a predicar don Melvin Hodges a través de estas páginas.

Este varón de Dios manifestó una versatilidad asombrosa para dirigirse a toda clase de auditorio; pero en el cumplimiento de la misión especial que le dio Dios, predicaba con frecuencia a estudiantes, pastores y dirigentes. Se le notaba una intensidad cuando abría el alma para trazar la mejor pauta a seguir en el establecimiento de fuertes iglesias locales y nacionales. La historia comienza a darle la razón.

El hermano Melvin fue amado por multitudes. Por personas de la cultura en que nació como también por muchas personas de la cultura latina que él tomó como propia. Se han oído elogios como: "Él fue el baluarte de la sana doctrina." "Fue patriarca en la formación de nuestra amada conferencia, cuyo ejemplo y manera de pensar fue uno de los más grandes aportes que nuestra nación haya recibido en nuestro pastorado." "Traemos a la memoria los años de planificación de los programas de estudios bíblicos y los preparativos para los primeros institutos bíblicos, así como la formación de obreros para la evangelización."

El Instituto de Superación Ministerial (ISUM) refleja la visión de Melvin Hodges por un cuerpo de ministros capacitados espiritual e intelectualmente. Desde los primeros sondeos de la posibilidad de fundar el ISUM el hermano estaba aconsejando y animando para que pronto se iniciara. Soñaba con un ISUM dinámico que alcanzara al mayor número posible de ministros latinos.

Fue admirado el hermano Hodges como misionólogo. Un estadista misionero observó que "su contribución a la causa de las misiones mundiales y a la iglesia autóctona en muchas partes del mundo es sin par."

El siervo o la sierva de Dios que comienza a predicar hallará en estas líneas ideas poderosas para lanzar el mensaje a su auditorio. Resultará igual para la persona que lleva tiempo en el ministerio. Tuve la indescriptible dicha de escuchar al hermano Hodges predicar un buen número de estos mensajes. En aquellos tiempos me conmovían y me ayudaban. De igual ayuda me ha servido escudriñar los apuntes en estos meses, los cuales han hablado a mi propia vida. Agradezco la bondad de la hermana Loida V. de Hodges por haberme considerado para esta tarea muy por encima de mi capacidad.

En esta selección de sermones se presenta en forma sintetizada mucho material para retiros de ministros, para seminarios sobre el Espíritu Santo, para estudiantes. Hay algunos de índole evangelística. Cabe dentro de la posibilidad reunir ideas e ilustraciones de diferentes sermones para hacer uno propio que servirá para una ocasión determinada. Que Dios sea glorificado al volvernos a hablar a través de Melvin Hodges.

Floyd Woodworth W.

Avivamiento

Oh, Jehová, aviva tu obra

Habacuc 3:2

Introducción

Mucho se ha hablado del avivamiento de la obra evangélica en Corea a fines del siglo veinte, pero no se habla de la importancia del avivamiento que hubo en esa nación a principios del siglo. Lo que ha resultado en la última veintena del siglo veinte probablemente es una cosecha de la búsqueda de Dios, del arrepentimiento de los creyentes y de la obra divina hace muchos años. Ahora muchos deseamos experimentar un avivamiento en nuestro propio lugar, en nuestra propia iglesia. Prestemos atención a algunas verdades relacionadas a un avivamiento.

1. Un avivamiento es la obra del Espíritu Santo

- 1.1. El Espíritu se encarga de restaurar a la iglesia a su pureza inicial.
- 1.2. El Espíritu desea que la iglesia disfrute del estado "normal" del cuerpo de Cristo.
  - 1.2.1. Un ejército fuerte.
  - 1.2.2. Instrumento del Espíritu Santo en la tierra.
  - 1.2.3. Debe ser progresiva.
  - 1.2.4. Vencendora de obstáculos y enemigos.

2. Muchas cosas pueden impedir el desarrollo y el progreso de un avivamiento

- 2.1. Mundanalidad.
- 2.2. Pecado.
- 2.3. Miembros infieles.
- 2.4. Indiferencia.
- 2.5. Pereza.
- 2.6. Falta de amor a la obra.
- 2.7. Disgustos.

3. Un avivamiento principia con un despertamiento de la iglesia

3.1. Confesión y humillación.

3.2. El gran despertamiento en Corea a principios del siglo veinte comenzó con un increíble tiempo de contrición.

3.2.1. Los hermanos se sentían profundamente tristes por haber ofendido a Dios y confesaban públicamente su dolor, pidiendo perdón a Dios.

3.2.2. Un anciano de nombre Keel se levantó en una reunión diciendo: "Soy un Acán." Tan indigno se sentía. Hacía referencia al israelita Acán de Josué 7:1, quien a escondidas tomó para sí lo que se había prohibido.

3.2.3. Permanecían largas horas en los cultos llorando y orando.

3.2.4. Como resultado treinta mil personas se convirtieron y cuatro mil fueron bautizadas en una sola semana en 1910.

3.3. Una iglesia que se siente muy satisfecha con su condición no puede aspirar a una obra divina en medio de ella. (Véase Apocalipsis 3:17-19.)

4. Resultados de un avivamiento

4.1. Conversiones.

4.2. Bautismos en el Espíritu Santo.

4.3. Sanidades.

4.4. Evangelización de parte de los creyentes.

Conclusión

No vayamos a compararnos con otros. No digamos que nuestra iglesia tiene más vida que otras cercanas. No pensemos que los que necesitan un avivamiento son otros. Clamemos nosotros por un avivamiento, que comience en nuestro propio corazón y que luego siga en nuestra propia iglesia.

El avivamiento que necesitamos

Hechos 17:1-9

Introducción

¿Qué quiere decir el vocablo "avivar"? Excitar, animar, encender, acalorar. Tratándose de fuego, la idea es darle más vigor y hacer cobrar vida para que las llamas crezcan. ¿Qué tendrá que ver esta definición con la iglesia? Pudiera ser que nosotros seamos como un fuego que lleva tiempo ardiendo pero cuya llama se haya disminuido. Llegará el momento en que se apague si no se le hace nada. Y eso le sucederá a cada iglesia a menos que haya un avivamiento.

1. El avivamiento será pentecostal

- 1.1. ¿Qué es un pueblo pentecostal?
  - 1.1.1. No hay que confundir el símbolo con la sustancia.
  - 1.1.2. ¿Somos pentecostales sólo porque cantamos alegres?
  - 1.1.3. ¿Somos pentecostales sólo por hablar en lenguas?
  - 1.1.4. ¿Somos pentecostales sólo por haber manifestaciones visibles?
  - 1.1.5. ¿Somos pentecostales sólo por ser emocionales?
  - 1.1.6. ¿Somos pentecostales sencillamente si tenemos visiones?
- 1.2. El poder pentecostal es dado con el fin de preparar a la iglesia para su labor.
  - 1.2.1. Dios quiere que presentemos un evangelio completo.
    - 1.2.1.1. Cada aspecto debe recibir el énfasis debido.
    - 1.2.1.2. No conviene un énfasis exagerado sobre sólo un concepto o práctica.

1.2.1.3. No debemos confundir la hoja con el tronco.

1.2.2. Dios quiere que seamos personas cabales y equilibradas.

1.2.3. Dios desea que manifestemos virtudes y dones.

1.2.4. El Señor tiene el plan de lograr en cada uno un carácter cristiano, maduro y desarrollado.

1.2.5. Dios desea ver en nosotros una inteligencia cultivada y santificada.

1.2.6. El Señor pide de nosotros una responsabilidad social.

2. El avivamiento será conforme a la Biblia

2.1. El caso en Hechos 17:3,11.

2.2. Deseamos todo lo bíblico.

2.2.1. El bautismo en el Espíritu Santo.

2.2.2. La operación de los dones del Espíritu.

2.2.3. Sanidades.

2.2.4. Llamamientos divinos dados a creyentes.

2.3. Deseamos evitar los peligros de extremismos.

2.3.1. Hay quienes al buscar lo bueno del Espíritu dejan de lado lo bueno de la Palabra.

2.3.2. Es fácil poner demasiada atención a lo espectacular.

2.3.3. Hay que tener cuidado de no reemplazar la Palabra con profecías y revelaciones.

2.3.4. En todo momento hay que enfatizar la enseñanza de la sana doctrina, poniéndola a la par con la búsqueda de un avivamiento.

2.4. Se edifica sobre arena si no se mantiene la seguridad de enseñar la Biblia.

2.5. Resultan divisiones y decaimiento cuando se resta importancia a la Biblia.

3. El avivamiento ensalzará a Jesucristo

3.1. El mensaje de los apóstoles ensalzaba a Cristo. (Véanse Hechos 5:42; 8:5; 9:20; 1 Corintios 1:23; 2 Corintios 4:5.)

3.2. El oficio del Espíritu Santo es revelar a Cristo (Juan 15:26).

3.3. Temas que no son lo principal de nuestro mensaje.

3.3.1. No debemos predicar un día por encima de los demás, como por ejemplo el sábado.

3.3.2. Nuestro mensaje no es el "vestido".

3.3.3. Nuestro mensaje no es "las lenguas".

3.3.4. Nuestro mensaje no es "la sanidad".

3.3.5. Nuestro mensaje no es "el Pentecostés".

3.3.6. Nuestro mensaje no es las Asambleas de Dios ni ninguna otra denominación.

3.4. Nuestro mensaje es Cristo.

3.4.1. El que fue crucificado.

3.4.2. El que resucitó.

3.4.3. El que salva.

3.4.4. El que santifica.

3.4.5. El Rey de los siglos.

4. El avivamiento señalará la santidad

4.1. Tenemos que consagrarnos a Dios.

4.2. El Espíritu Santo controlará la vida, la lengua.

4.3. Dios no es sólo un Dios de poder, sino también de santidad y de amor.

5. El avivamiento hará que evangelicemos

5.1. Los creyentes no se vuelven egoístas, sino que aman a las almas.

5.2. El Pentecostés es el esfuerzo divino para alcanzar a la humanidad.

5.3. Dios expresa su amor al mundo por medio de nosotros.

5.4. Tenemos que clamar a todo el mundo que se reconcilie con Dios.

Conclusión

Necesitamos un avivamiento; por lo tanto, tenemos que humillarnos y buscar al Señor en oración. Tenemos que ejercer fe y ministrar en fe. Vendrán los ríos de agua refrescante a la tierra sedienta.

La oración por avivamiento

Joel 2:12-32

Introducción

¿Qué pastor no habría pensado alguna vez: Si sólo sacáramos el premio gordo, podríamos avanzar. Por falta de fondos estamos estancados? Pero ni ganando el sorteo mayor se podrían resolver los problemas. No olvidemos que el secreto para el avance de la obra no son las cosas materiales sino las espirituales. Un avivamiento del cielo es lo que resolverá los problemas y lo que contribuirá al crecimiento de la iglesia.

1. Hay que interceder con visión (vv. 21,22)

- 1.1. El peligro de fijarse en los números reducidos.
- 1.2. El peligro de fijarse en las muchas limitaciones.
  - 1.2.1. Recursos humanos.
  - 1.2.2. Recursos económicos.
- 1.3. Es de gran ayuda trazar una definición clara del blanco.
  - 1.3.1. ¿Qué grupos deseamos alcanzar?
  - 1.3.2. ¿Qué crecimiento espiritual deseamos ver en los creyentes?

2. Hay que interceder con fe (vv. 23,24)

- 2.1. Sin fe es imposible agradar a Dios.
- 2.2. La fe puede ver la visión ya trazada; las metas.
- 2.3. La fe puede traspasar montañas inmensas.
- 2.4. La fe acepta y cree que Dios quiere enviar un avivamiento.

3. Hay que unirse en la intercesión (vv. 15,16)

- 3.1. Los obreros en sus reuniones.
- 3.2. Los estudiantes en los institutos bíblicos.
- 3.3. Todas las iglesias de una región.
- 3.4. Todos los creyentes de una congregación en reuniones de oración y ayuno.

4. Hay que quitar los impedimentos a la intercesión (vv. 12,13)

4.1. No se debe exigir confesiones públicas durante los cultos de intercesión a menos que la persona se sienta constreñida para librarse de una carga muy pesada.

4.1.1. La confesión no debe mencionar nombres de otras personas.

4.1.2. Hay que tener mucha discreción para no iniciar investigaciones imprudentes ni chismes.

4.1.3. Si se trata de haber ofendido a una persona en particular, el que lo confiesa no debe revelar el asunto en público, sino que debe tratarlo a solas con la persona ofendida.

4.1.4. Hay que enseñar continuamente que si una confesión se hace con sinceridad, resultará en un arrepentimiento verdadero para no seguir con la misma debilidad.

4.2. Un impedimento muy común es el orgullo.

4.2.1. En el texto se exhorta a todos y a los "sacerdotes ministros" a llorar.

4.2.2. El texto habla de rasgar el corazón; o sea, humillarse.

Ilustración: En Corea, a principios del siglo veinte, cuando los ministros y los creyentes tomaron en serio la necesidad de un avivamiento en el país, hubo llanto y arrepentimiento de parte de todos. Con seguridad se puede decir que fue tan profunda la obra del Espíritu que hasta hoy perduran los resultados y sigue el avivamiento fenomenal en Corea, no sólo en las iglesias pentecostales, sino en grupos de otras denominaciones.

5. Hay que proveer una dirección bíblica

5.1. La experiencia atestigua de la importancia.

5.2. A veces hace falta animar a la gente a orar.

5.3. Hay que ver que se mantenga un buen equilibrio bíblico.

6. Hay que perseverar en la intercesión

6.1. Elías, en la cumbre del monte Carmelo, perseveró en oración por la lluvia, aunque cada vez su criado informaba que no veía nada de nubes (1 Reyes 18:41-45).

6.2. Muchas veces los tiempos de avivamiento han resultado por la intercesión de personas desconocidas, quienes persistían en la oración hasta que Dios empezara a obrar en forma visible.

Conclusión

El diablo tiembla cuando ve que la iglesia se pone de rodillas para interceder delante de Dios por un avivamiento. Nadie sabe el efecto de su oración intercesora, que es como un dínamo espiritual.

Cuando Dios aviva a su pueblo

Ezequiel 37

Introducción

¿Qué tenemos que ver con la visión de los huesos secos? Aunque es cierto que esta profecía se refiere a Israel, nos ofrece lecciones sobre el avivamiento.

1. La Palabra predicada en fe aviva (v. 4)

1.1. La importancia de la Palabra.
Hay poder en el mensaje preciso para el momento.

1.1.1. Dios da su promesa.

1.1.2. Dios toma la iniciativa; pero la agencia humana es necesaria. El pastor es el mensajero de Dios.

1.1.2.1. Moisés saca el pueblo.

1.1.2.2. Nehemías edifica el muro de Jerusalén.

1.1.3. El mensaje para hoy es el mensaje de Cristo.

1.1.3.1. El que resucitó.

1.1.3.2. El que liberta.

1.1.3.3. El que interviene en la vida del que lo acepta.

1.1.4. La iglesia será victoriosa. Dios nunca planeó que fuera débil, enferma, derrotada, sin poder.

1.2. La importancia de la fe.

1.2.1. ¿Pueden vivir los huesos?

1.2.2. ¿Con qué actitud nos acercamos a la tarea?

1.2.3. Creamos que la Palabra operará en la iglesia y en los pecadores.

1.2.4. Permitamos que la Palabra opere en la iglesia y en los pecadores.

2. Una respuesta de parte del pueblo aviva "Los huesos se juntaron" (v. 7).

2.1. Una necesidad imperativa que le corresponde a cada individuo: "Cada hueso con su hueso."

2.2. En el hogar: marido y mujer, padres e hijos.

2.3. En la iglesia: reconciliarse, unirse, corregir lo malo (véase Mateo 5:23).

2.4. En la obra a escala nacional: procurar unidad, armonía, cumplimiento de los deberes, cooperación.

3. El Espíritu Santo aviva: es el aliento de Dios

3.1. El profeta tenía que predicar al Espíritu.

3.2. El Espíritu trae vida (Hechos 2).

3.3. Se contestan oraciones.

3.3.1. Hay milagros.

3.3.2. Hay conversiones.

3.3.3. Hay crecimiento.

3.4. La iglesia, ese ejército que no tenía vida, avanzará.

Conclusión

¡Ven, viento del cielo!

Ven, viento de los cielos,
Ven, soplo celestial,
Inspire nuestro corazón
Tu vida divinal.
Cual viento de los cielos
En el gran Pentecostés,
Oh, Santo Espíritu de Dios,
Desciende otra vez.

Tu gloria esperamos,
Envía tu poder,
Y con el fuego celestial
Enciende nuestro ser.
Consume la escoria
Por la llama de tu amor,
Te ruego que me llenes hoy,
Oh, gran Consolador.

Himnos Inspirados Combinados II

El ministerio

El predicador evangélico en el mundo de hoy

Mateo 24:44-47; 2 Corintios 2:1-6; 6:1-13

Introducción

El mundo está en confusión intelectual, moral y espiritual. El hombre no sabe a dónde va. Se nota en nuestra sociedad un rechazo de los valores morales y espirituales. La gente sigue su camino como si Dios estuviera muerto, como si no tuviera significado. Pero la verdad es que es el hombre quien está muerto.

1. ¿Cuál es el contenido del mensaje del predicador?

1.1. Contenido bíblico: "Mis palabras no pasarán."

1.2. Contenido teológico: Dios es soberano, no ha abandonado su trono.

1.3. Contenido antropológico: El hombre es responsable y tendrá que ir a juicio ante Dios

1.4. Contenido cristológico: Cristo es el único remedio.

1.4.1. Su muerte y resurrección constituían el mensaje de los apóstoles.

1.4.2. Hay perdón en Jesús.

1.4.3. En Cristo el hombre alcanza una vida nueva con esperanza.

1.5. Contenido sobrenatural: Dios contesta la oración.

1.6. Contenido neumatológico: La realidad del Espíritu Santo.

2. ¿Cómo debe ser el predicador?

2.1. Ha de ser un varón de Dios.

2.1.1. Vida santa.

2.1.2. Carácter santo, sin hipocresía.

2.1.3. Entregado a la oración.

2.1.4. Manifiesta paciencia y autocontrol.

2.2. Debe estar preparado espiritualmente.

2.2.1. Nacido de nuevo.
2.2.2. Revestido del poder del Espíritu Santo.
2.3. Debe estar preparado vocacionalmente.
2.3.1. Principia a prepararse en la iglesia local.
2.3.2. Continúa el proceso de preparación en el instituto bíblico.
2.3.3. Se dedica también a la autopreparación.
2.3.4. Se prepara atravesando los problemas de la vida.

3. ¿Cómo debe actuar el predicador?

3.1. Como un mensajero profético de otro mundo.
3.2. Tiene valor en medio del conflicto en que estamos todos.
3.2.1. Reprende lo malo.
3.2.2. Se levanta para enfrentar la oposición.
3.3. Es compasivo: Jeremías lloraba.
3.4. Tiene sabiduría: Esteban es un buen ejemplo.
3.5. Actúa en el poder del Espíritu.
3.6. Tiene fe en Dios.
3.6.1. Sabe que se ha de alcanzar la victoria.
3.6.2. Está convencido que Dios reina.
3.6.3. Sabe que Cristo vive.

Conclusión

El Espíritu Santo opera en el mundo y nos esperan días de bendición. Incumbe al predicador poner más atención que nunca a su vida y ministerio.

Ante la tarea

Zacarías 4

Introducción

La historia de la restauración de Judá bajo Zorobabel. Él habría sido el rey si hubiera vivido en la época de la monarquía, ya que era del linaje de David.

1. **¿Cuál es la tarea?**
   1.1. Reedificar lo destrozado.
      1.1.1. El hecho de encontrar estorbos no indica que no estamos en la voluntad de Dios.
      1.1.2. El retorno a Jerusalén no fue espectacular.
      1.1.3. Reedificar es más difícil que edificar.
   1.2. Remover la gran montaña de dificultad.
      1.2.1. Muchos escombros.
      1.2.2. Había oposición (Esdras 4:1-16).
      1.2.3. El decreto de Artajerjes de dejar de trabajar (Esdras 4:17-24).
      1.2.4. El desánimo y la pasividad del pueblo.
2. **¿Cómo hacer la gran tarea?**
   2.1. No por medios humanos, fuerzas o ejércitos.

Ilustración: ¿A cuál ejército invitaría para ayudar a llevar a cabo la obra? ¿A cuál evangelista de renombre quisiera invitar?

   2.2. Es por el Espíritu de Dios.
      2.2.1. Zacarías vio un candelero; no vio tractores ni tanques.
      2.2.2. La luz no hace ruido; es silenciosa.
      2.2.3. No se veía el aceite.
   2.3. La Palabra de Dios misma le llegó a Zacarías (v. 6).
   2.4. En la visión la casa ya estaba edificada.
   2.5. Había que poner la fe en algo mayor que uno mismo. "¿Quién eres tú?" (v. 7).
   2.6. La gracia de Dios se nos da en abundancia.
3. **¿Cuáles son las herramientas para la tarea?**
   3.1. Los dos olivos eran dos siervos que podrían dar la idea de dos aspectos imprescindibles del ministerio.
   3.2. Una de las herramientas es la administración.
      3.2.1. Zorobabel hacía falta porque precisaba quien gobernara.
      3.2.2. Cristo es cabeza de la iglesia; la gobierna.
   3.3. La otra herramienta es la intercesión.

3.3.1. Hacía falta Josué, el sacerdote, porque precisaba quien intercediera.

3.3.2. Es un ministerio a Dios.

3.3.3. El sacerdote tenía que llevar el pectoral ante Dios. El pueblo tiene que ser presentado a Dios.

3.4. Los tubos de aceite también representan a los dos siervos.

3.4.1. Tenían que servir de conductos de las bendiciones espirituales.

3.4.2. Hay que destapar los tubos continuamente para sacar lo que obstruye.

Conclusión

Dios nos asegura que la tarea se llevará a cabo. Usemos ambos canales y mantengámoslos destapados y limpios.

El principal llamamiento del obrero

Marcos 3:13-15

Introducción

¿A qué nos llama el Señor? Todos dirán que nos llama para servirlo o para predicar, pero en realidad eso no es el primer llamamiento del obrero.

1. Somos llamados a tener comunión con Cristo

1.1. Esto viene antes que estudiar, visitar o predicar.

1.2. Esto hace la diferencia entre una persona de Dios y un profesional.

1.2.1. Nada empaña nuestro servicio más que "predicar de oficio".

1.2.2. Con el tiempo la gente se da cuenta si nuestra relación con Dios no tiene intimidad.

- 1.2.3. Lo que somos es más importante que lo que hacemos.
- 1.2.4. Primero se hace el varón de Dios, luego el predicador.
- 1.2.5. El éxito en el ministerio depende del desarrollo de nuestra vida espiritual.

1.3. No es una orden que podemos cumplir o dejar de cumplir a nuestro antojo.

1.4. La comunión con Cristo soluciona nuestros problemas.

- 1.4.1. Físicos.
- 1.4.2. Sociales.
  Como el problema más grande que tenemos es el *yo*, entrar en comunión con Cristo lo cambia.
- 1.4.3. Espirituales.

1.5. En la comunión con Él se desarrolla la vida espiritual.

- 1.5.1. Sin este desarrollo vamos hacia el fracaso.
- 1.5.2. Nuestra actitud se transforma en la del Señor.

1.6. En la comunión con Él se alcanza el éxito.

- 1.6.1. Porque nos disciplina en cuanto al uso del tiempo.
- 1.6.2. Porque nos disciplina en cuanto a la formación de nuestra actitud.
- 1.6.3. Recibimos nuevas ideas.
- 1.6.4. Recibimos nueva inspiración.

1.7. En la comunión con Él lo llegamos a conocer mejor (Filipenses 3:10).

1.8. Sin la comunión con Él no haremos nada (Juan 15:4,5).

2. Somos llamados a ir donde Él va

2.1. El Cordero nos llama a ir con Él a la mansedumbre.

2.2. Se le decía “León de Judá”, el que había vencido, pero lo que vio Juan fue un cordero (Apocalipsis 6:1-5).

2.3. Si tenemos un espíritu de lucha, no hemos seguido al Cordero.

2.4. Hay que ir con Él en ministerio (Mateo 28:19).

Conclusión

Vivimos muy ocupados. A uno le da cierta satisfacción servir en todo momento, como si fuera una especie de mártir. Pero muchas veces tenemos que escoger entre lo bueno y lo mejor, entre lo importante y lo menos importante, entre las exigencias del hombre y las de Dios. Cristo llamó a sus discípulos en primer lugar para que estuvieran con Él.

El pastor que tiene éxito

Hechos 20:28

Introducción

Algunos pastores no pueden permanecer con la misma congregación por largo tiempo porque:

- Su ministerio no tiene amplitud.
  Se ve en el hecho de que el tema de cada sermón es el mismo.
- No han desarrollado el arte de las relaciones humanas.
- Se meten en conflictos personales.
- Su vida personal no inspira confianza.
- Su vida espiritual es deficiente.

1. Para tener éxito en el pastorado hay que alimentar la grey

1.1. Primero uno tiene que enriquecer su propia vida.

1.1.1. Leer buenos libros.

1.1.2. Aprender de memoria las Escrituras.

1.1.3. Tomar apuntes de lo que se lee y oye.

1.1.4. Asistir al ISUM (Instituto de Superación Ministerial).

1.1.5. Emplear bien el tiempo.

1.1.6. Guardar recortes e ideas que pueden servir como semillero.

1.2. Hay que procurar un ministerio de enseñanza.
   1.2.1. Estudiar el arte de enseñar.
   1.2.2. Enseñar un curso bíblico elemental o el programa del Instituto Internacional por Correspondencia.
1.3. Cultivar una variedad de mensajes que uno predica.

2. Para tener éxito en el pastorado hay que ser un dirigente sabio

2.1. Como pastor de ovejas, ir adelante.
2.2. No permitir que las circunstancias lo empujen.
2.3. Poner a trabajar a los miembros.
   2.3.1. Iniciar planes para evangelizar la ciudad.
   2.3.2. Desarrollar obreros.
   2.3.3. Dirigir sin ser dictador.
   2.3.4. Coordinar el trabajo.
   2.3.5. Procurar el éxito de los demás.
   2.3.6. Saber comunicarse con claridad.
2.4. Trabajar bien con el cuerpo oficial de la iglesia.
2.5. Ser humilde.
2.6. Llevar las cargas con paciencia.
2.7 Proporcionar una dirección espiritual.
2.8 Animar a esperar un avivamiento espiritual.

3. Para tener éxito en el pastorado hay que ser un varón de Dios

3.1. Llevar una vida de santidad y de consagración.
   3.1.1. Se verá en la entrega a Dios.
   3.1.2. Se verá en el vocabulario.
3.2. No descuidar la vida devocional.
   3.2.1. Lectura bíblica.
   3.2.2. Oración.
3.3. Buscar compañeros de buenos ideales.
3.4. Vigilar el corazón.
   3.4.1. Arrancar toda la amargura.
   3.4.2. Erradicar la ambición carnal.

3.4.3. Acabar con la concupiscencia.

3.5. Andar en el Espíritu.

3.6. Amar a Dios.

3.7 Amar la obra de Dios.

4. Para tener éxito en el pastorado hay que ser sacerdote (Éxodo 28:12,15,30)

4.1. Llevar los nombres del pueblo sobre el corazón como hacía el sumo sacerdote.

4.2. Orar por las almas que no conocen al Señor.

4.3. Orar por los creyentes.

4.4. Orar por los extraviados.

4.5. Orar por los que tienen problemas.

4.6. Seguir el ejemplo de los intercesores de la Biblia.

4.6.1. Moisés.

4.6.2. Nehemías.

4.6.3. Pablo.

Conclusión

→ Invertir amor y fuerzas para añadir otra dimensión al ministerio.

→ Procurar alimentar la grey.

→ Procurar ser dirigente sabio en vez de dictador.

→ Procurar ser varón de Dios.

→ Procurar ser sacerdote.

Nehemías, dirigente espiritual eficaz

Libro de Nehemías

Introducción

¡Cómo nos agradaría leer nuestro nombre en la prensa todos los días! La gente quiere tener un puesto alto. Aspira a que se le diga: "Señor gobernador." Pero junto con el honor de tener un puesto, es mayor la responsabilidad de desempeñar los deberes correspondientes.

1. Las cualidades de un dirigente

1.1. Estar ocupado. Nehemías era copero del rey.

1.1.1. Hacer primero cosas sencillas.

1.1.2. Algunos quieren comenzar con cosas grandes.

1.1.3. Ser fieles donde estemos.

1.2. Ser compasivo (1:4).

1.2.1. Dios busca tales siervos.

1.2.2. Nos cuesta sentir los problemas de los demás.

1.2.3. Ejemplos de hombres compasivos:

- Moisés
- Jeremías
- Pablo

1.3. Tener visión.

1.3.1. Algunos sólo ven lo cercano: ¿En qué me beneficiará a mí?

1.3.2. Algunos sólo ven las dificultades. Pero Nehemías vio una ciudad restaurada.

1.3.3. ¿Cómo vemos el terreno donde Dios nos ha colocado?

1.4. Acostumbrado a orar (1:5-10).

1.4.1. Nehemías sabía que no podía hacerlo sin la ayuda de Dios.

1.4.2. Somos colaboradores de Dios.

1.4.3. No conseguimos más porque no buscamos a Dios en la oración.

1.5. Justo (5:7).

1.5.1. Sin parcialidad.

1.5.2. El favoritismo destruye la influencia de un dirigente.

1.6. Humilde (2:18; 13:22).

1.6.1. No le quitó a Esdras la oportunidad de ministrar (Esdras 8:1-6).

1.6.2. Algunos tienen celos de un rival.

1.6.3. Somos llamados para ser siervos, no capataces.

1.6.4. Las dificultades son resultado del orgullo.

1.7 Dedicado.

1.7.1. Nehemías dejó un buen empleo.

1.7.2. Nehemías arriesgó todo por la obra de Dios. Se negó a refugiarse en el templo para salvar la vida (6:10,11).

2. La labor de un dirigente

2.1. Tomar la iniciativa.

2.1.1. Nehemías tomó la iniciativa con el rey (2:5).

2.1.2. Nehemías tomó la iniciativa en la tarea (2:17,18).

2.1.3. No se dejó empujar por las circunstancias.

Ilustración: El arado es tirado, no es empujado.

2.2. Conocer bien la tarea (2:12).

2.2.1. Examinó las ruinas para evaluar la situación.

2.2.2. Hay que hacer una evaluación de los puntos débiles y fuertes.

2.2.3. Decidió lo que se podría hacer.

2.3. Buscar ayuda y motivar la cooperación de otros ya que no se puede trabajar sólo.

2.4. Planear el trabajo.

2.5. Asignar tareas (capítulo 3).

2.5.1. El plan de Dios es que cada uno tenga un trabajo que hacer (Efesios 4:11).

2.5.2. A muchos les gusta trabajar.

2.5.3. Hay que responsabilizar a los diáconos con diferentes aspectos de la obra.

2.5.4. Nehemías coordinó a los obreros para que se pudieran defender unos a otros (4:17,21).

2.6. Mantener la limpieza de la obra con buen testimonio (13:17,23-25).

2.7 Trabajar con paciencia y longanimidad.

2.8 Terminar lo que se comienza (6:15,16).

Conclusión

Cuando renunció a su empleo de copero, probablemente Nehemías no pensaba que le esperaban luchas y dificultades. Pero por la gracia de Dios y con su ayuda pudo ver culminada su visión de la ciudad restaurada. Tuvo la satisfacción de ver humillados a los enemigos y de escucharles decir que por la mano de Dios se había realizado la obra. Dios puede hacer lo mismo con nosotros.

La meta del siervo de Dios es conocer a Cristo

2 Pedro 1:3,4; Filipenses 3:7-15

Introducción

Preguntemos a algunas personas de la calle cuál es la meta de mayor importancia para su vida. ¿Qué dirán? Preguntemos a diez hermanos de la iglesia cuál es la meta principal que pretenden alcanzar en el camino de Dios. Seguro que no van a coincidir las respuestas. Y si preguntamos a cinco pastores acerca de su meta principal, ¿qué contestarán? A veces nos olvidamos que nuestra meta como siervos de Cristo no debe ser alcanzar grandes resultados numéricos, sino conocer a Cristo.

1. Conocerlo por su gracia

1.1. No se trata de un conocimiento simplemente intelectual o administrativo, sino espiritual.

1.2. Se puede llegar a conocerlo únicamente por la gracia, no por méritos nuestros.

1.3. No se puede conocerlo sin saber acerca de Él porque el conocimiento precede a la fe (Romanos 10:17).

1.4. Para conocerlo hay que alimentar la fe mediante lo que hemos aprendido de Él.

1.5. Deseamos conocerlo porque en Cristo están todos los tesoros de Dios (Colosenses 1:15-19; 2 Pedro 1:3).

2. Conocer el poder de su resurrección

2.1. Pablo menciona esto en primer lugar porque gracias a la resurrección podemos tener vida nueva.

2.2. El Espíritu Santo es el agente de nuestra nueva vida.

2.2.1. Da poder para ser (regeneración).

2.2.2. Da poder para vivir (santificación).

2.2.3. Da poder para servir (ministerio).

3. Conocerlo en padecimientos

3.1. La unión con Cristo en la cruz.

3.2. Tenemos que hacer nuestras las actitudes de Cristo (Filipenses 2:5-11).

3.2.1. La voluntad de Dios era lo supremo. "No lo que yo quiero, sino tu voluntad."

3.2.2. Se humilló hasta lo sumo.

3.2.2.1. Se hizo el Cordero de Dios.

3.2.2.2. No se defendió.

3.2.2.3. Sacrificó sus derechos.

3.2.3. Fue motivado por el amor.

3.2.3.1. A Dios el Padre.

3.2.3.2. A la iglesia.

3.2.3.3. A los pecadores.

3.2.4. Cristo manifestó una obediencia absoluta.

Conclusión

Proseguir hacia la meta

Sigo insistiendo

Filipenses 3:12-14

Introducción

Cierta tarde, un niño sembró en el patio una semilla. Al otro día se levantó muy temprano. Corrió al patio para ver la planta. Qué desilusión sintió al darse cuenta de que la semilla aún no había nacido. Desenterró la semilla que no llevaba ni veinticuatro horas en la tierra.

En el ministerio, aunque a veces se nota crecimiento rápido, por lo general se logra de manera gradual.

1. Proseguir para alcanzar la meta

1.1. Pablo alude al momento cuando fue llamado.

1.1.1. Iba a Damasco, emocionado por sus propios planes.

1.1.2. Logró mucho crecimiento en poco tiempo por medio del encuentro impactante con Cristo.

1.2. En el momento de escribir esta carta, el panorama era otro; no experimentaba un gran triunfo.

1.2.1. Había que llevar muchas cargas de la obra.

1.2.2. Había que hacer frente a la necesidad de preparar obreros:
Evangelistas
Maestros
Pastores de todo tamaño de iglesias
Ejecutivos y dirigentes

1.3. No hay fronteras que detengan el crecimiento de un obrero que lo desea.

1.3.1. Por mucho que uno haya crecido, siempre puede crecer más.

1.3.2. Nunca podremos decir: "Ya todo lo sé; ya lo he alcanzado" (3:13).

1.3.3. Dios no está limitado.

1.3.4. Lo que cosechemos mañana no va a ser una casualidad, sino que será el resultado de lo que sembramos hoy.

2. Proseguir a pesar de la lucha

2.1. Hay luchas ocasionadas por la carne.

2.1.1. La pereza.
Muchos no avanzan por falta de diligencia en:

- la oración
- el estudio
- la visitación

2.1.2. La impureza.

2.1.2.1. Muchos han fracasado por un desliz.

2.1.2.2. No admitamos la idea de que una caída es inevitable.

2.2. Hay que disciplinarse para ordenar el día. No se puede permitir que ni el cónyuge interrumpa.

2.3. Hay luchas mentales.

2.3.1. Llegamos a ser lo que pensamos.

2.3.2. Tenemos que rechazar las dudas.

2.3.3. No podemos permitir el desánimo.

2.3. Hay luchas espirituales.

2.3.1. Son las más feroces.

2.3.2. Se nos presenta el orgullo haciéndonos pensar que ya somos algo.

2.3.3. Empezamos a sentir la ambición de un puesto o de ganancia.

2.3.4. Hay que resistir un espíritu de dureza tanto en el hogar como también con los hermanos de la congregación.

3. Proseguir para extenderse

3.1. Hay que olvidar lo que queda atrás, lo del pasado.

3.2. Uno tiene que mantener la constancia, evitando brincos y saltos hacia adelante.

3.3. Sin doble ánimo. Pablo dijo: “Una cosa hago.”

3.4. Hay que mantener esto como la meta de toda la vida.

Conclusión

El gran apóstol, después de ministrar por largos años en muchos lugares, se mantuvo con el mismo lema: “¡Tengo que crecer!” Decía: “No he llegado aún. Tengo que seguir esforzándome ya que hay más para mi espíritu, para mi mente. Tengo que seguir luchando.”

El Calvario, la base del ministerio

Lucas 9:23,24; Gálatas 2:20; 6:14; Filipenses 2:1-11

Introducción

Nos conviene percibir las corrientes filosóficas que hoy ejercen mucha influencia sobre el concepto de lo que es el ser humano. A través de los medios de comunicación como también en las aulas de las escuelas y universidades se nos dice que somos de mucho valor, que somos parte de Dios, que tenemos derecho a sentirnos realizados. Resulta, pues, que el ministro con facilidad comienza a adoptar este concepto. Debemos analizar nuestro modo de pensar y actuar como ministros a la luz del Calvario.

1. El análisis de nuestra situación con relación a la iglesia

1.1. ¿Cuál es nuestro concepto humano de la obra?

1.1.1. La iglesia debe ser victoriosa.

1.1.2. Nuestro ministerio debe ser coronado de triunfos.

1.1.3. El ministro tiene en sus manos la llave al éxito.

1.1.4. Si nos relacionamos correctamente con Dios los triunfos se manifestarán en la iglesia para que todos los vean.

1.2. ¿Cuál es la verdadera situación?

1.2.1. La mayoría de las causas de nuestra derrota se hallan en nosotros mismos.

1.2.2. Somos nuestro peor enemigo.

1.2.3. No ha amanecido un nuevo día porque Dios no ha penetrado nuestra carnalidad.

1.2.4. No ha habido cambio de nuestra situación debido a nuestra indiferencia hacia el Espíritu de Dios.

2. Tenemos que analizar nuestra situación personal

2.1. ¿Habremos dejado de crecer en el Señor?

2.1.1. ¿Hemos alcanzado la madurez o hemos fracasado?

2.1.2. ¿Creemos saberlo todo?

2.1.3. ¿Pensamos haberlo experimentado todo?

2.1.4. ¿Tenemos hambre y sed de justicia?

2.2. ¿Hemos deseado el éxito sin pagar lo que cuesta?

2.2.1. ¿Hemos predicado el mensaje de Cristo sin manifestar su carácter?

2.2.2. ¿Habremos deseado los beneficios del Pentecostés sin pasar por el Calvario?

2.2.3. ¿Deseamos la corona sin llevar la cruz?

2.3. ¿Se nos ha olvidado que cosecharemos lo que sembramos?

3. Hay que tomar decisiones a la luz del Calvario

3.1. Dar prioridad a la cruz.

3.1.1. El Pentecostés sin el Calvario sería un trastorno.

3.1.2. Hay que rogar y esperar que descienda el fuego divino sobre el altar del sacrificio.

3.2.3. El aceite santo no podía ser untado sobre la persona que no fuera consagrada al sacerdocio (Exodo 30:32,33).

3.2.4. No podemos manifestar la gloria del Espíritu sin experimentar el significado de la cruz.

3.2. Seguir el ejemplo de Cristo (Filipenses 2:1-11).

3.2.1. Su sumisión absoluta a Dios: "No como yo quiero, sino como tú."

3.2.2. Su pasión de redimir a la humanidad.

3.3. Representar al Cristo crucificado al mundo.

3.4. Permitir la crucifixión del yo (Gálatas 2:20).

3.4.1. La cruz es la intervención divina en el orgullo del ser humano, del ministro: "No como yo quiero, sino como tú."

3.4.2. Pedro estaba lleno de confianza en sí mismo, pero fue humillado por la cruz.

3.4.3. La potencia humana fracasa; la flaqueza de Dios triunfa (2 Corintios 12:9,10).

3.5. Amar con el espíritu del Calvario.

3.5.1. Mantener un espíritu perdonador: "Padre, perdónalos."

3.5.2. Mantener una actitud redentora.

3.5.3. No excluir a nadie. Ni rebeldes, ni débiles, ni impuros, ni los que consideramos antipáticos.

3.5.4. Para vencer los problemas, este es el camino más excelente.

Conclusión

El verdadero éxito en el ministerio se halla junto al Calvario. Hay que pagar el precio si queremos triunfar.

Preparación para servir

Isaías 6:1-8

Introducción

Una crisis natural, la muerte de un buen rey, fue la ocasión de una revelación espiritual. Así puede suceder con nosotros. Parece necesario que pasemos aflicciones y pruebas en nuestra vida para ser motivados a buscar a Dios. Pueden ocasionar la bendición de una revelación que nos preparará para servir mejor a Dios.

1. La preparación que proporciona una revelación de Dios (vv.1-4)

1.1. Toda verdadera experiencia espiritual empieza con Dios.

1.1.1. En vez del yo, Dios debe ser el centro del ser.

1.1.2. La revelación divina no principia con las circunstancias; pero debido a ellas puede ser que estemos más propensos a recibirla.

1.2. El profeta pudo ver más allá del rey terrenal.

1.2.1. Vio que el Rey divino ocupaba su trono, aunque el rey humano había muerto.

1.2.2. Vio que Dios es poderoso.

1.2.3. Vio la realidad de la santidad de Dios.

1.2.4. Vio una manifestación de la gloria de Dios.

1.3. El Espíritu Santo nos puede revelar la gloria de Dios a través de la Biblia abierta.

2. La preparación que proporciona una revelación de lo que uno mismo es

2.1. "¡Ay de mí!" Uno es inmundo, muerto, perdido, aparte de la gracia de Dios.

2.2. Mis labios son inmundos.

2.2.1. De lo que hay en el corazón habla la boca.

2.2.2. He hablado mal de uno que tú amas: mi hermano.

2.2.3. Me he jactado.

2.2.4. He criticado cuando debí haber orado.

2.3. En la presencia de Dios uno ve sus propias faltas con mayor claridad porque la luz revela la impureza y, por lo tanto, se humilla.

2.4. Al ver a Dios me doy cuenta de que tengo la tendencia a depender de mí mismo en vez de Dios.

3. La preparación que proporciona una revelación del remedio divino para la condición humana

3.1. El ángel tomó el carbón encendido del altar.

3.1.1. El altar es símbolo del Calvario.

3.1.2. El altar es un lugar de sacrificio.

3.1.3. La esperanza de la humanidad está en el Calvario.

3.1.4. Tenemos que pasar por el altar antes de experimentar el Pentecostés.

3.2. El carbón encendido representa al Espíritu Santo.

3.2.1. El fuego representa la santidad divina.

3.2.2. El fuego representa el juicio de Dios.

3.2.2.1. Hubiera quemado al profeta.

3.2.2.2. Debido a que el carbón gastó su fuerza sobre el altar, resultó una bendición.

3.2.3. El fuego representa la limpieza; purifica al objeto.

4. La preparación que proporciona una revelación de lo que abarca el servicio (v.8)

4.1. Una voz hablaba.

4.1.1. Tal vez la voz había hablado antes.

4.1.2. Dios ha querido hablar con nosotros pero tenemos oídos sordos porque escuchamos otras cosas.

4.2. La voz lanzó un llamamiento.

4.3. El profeta respondió: "Heme aquí, envíame a mí."

4.4. Había que comunicar un mensaje relacionado con la situación del pueblo.

Conclusión

Que la crisis que vamos pasando sirva para ocasionar una revelación que pueda prepararnos para servir a Dios. Tenemos un mensaje de gracia y perdón para un pueblo que lo necesita.

Cuando Dios hace un obrero

Marcos 3:13-15; Juan 15:16

Introducción

¿Cómo fue que Pablo llegó a ser obrero del Señor? No fue una decisión de él mismo como para mejorar su situación económica y social. Escribió a los gálatas que era apóstol no por nombramiento humano. No había tomado una decisión de entrar al ministerio o aceptar la invitación de algunas personas clave para hacerse ministro. ¿Qué hace Dios para tener un obrero?

1. **Lo llama**
   - 1.1. La importancia de un llamamiento divino.
   - 1.2. No llama para que el obrero alcance su propio adelanto. No hay lugar para el egoísmo o la ambición.
   - 1.3. Lo llama a estar con Él (Marcos 3:14).
     - 1.3.1. En actitud.
     - 1.3.2. En poder.
     - 1.3.3. Para ser socio y colaborador de Él.
   - 1.4. Lo llama para que sea un vaso útil, idóneo.
2. **Lo prepara**
   - 2.1. En lo espiritual.
     - 2.1.1. De ahí la necesidad de desarrollar una vida de oración.
     - 2.1.2. La necesidad de tener comunión con Él.
     - 2.1.3. Ejemplos:
       - Moisés.
       - Juan Bautista.
       - Pablo en Arabia.
   - 2.2. En lo intelectual.
     - 2.2.1. Instituto bíblico.
       - 2.2.1.1. Sus ventajas.
         - La ayuda que dan los maestros.
         - Orientación en métodos de estudio.
         - Horario establecido.
       - 2.2.1.2. Sus limitaciones.
         - Es sólo una puerta.
         - No puede en sí suplir la motivación de estudiar o servir a Dios.
     - 2.2.2. Preparación de sí mismo.
       - 2.2.2.1. Hace falta diligencia.
       - 2.2.2.2. Es un proceso de por vida.

- Estudio del idioma, de la gramática.
- Estudio de doctrina.
- Estudio de métodos para llevar a cabo la obra de Dios.

2.3. Al ser forjado el carácter.

2.3.1. La necesidad de la autodisciplina.

2.3.2. Lo que se escoge afecta el carácter. Por ejemplo, el caso de Abraham y Lot.

3. Lo llena

3.1. El propósito de la llenura del Espíritu no es sólo proporcionar una experiencia, sino una vida.

3.2. No somos suficientes en nosotros mismos. La obra del Señor requiere lo sobrenatural.

3.3. Se manifiesta esta llenura no sólo entonando coros o sintiendo algo en el cuerpo sino cuando se recibe ayuda en momentos difíciles.

3.3.1. Para orar.

3.3.2. Para tener fe.

3.3.3. Para vencer.

4. Lo quebranta (Juan 15:1-3; 2 Corintios 12:9)

4.1. Por medio de la poda.

4.2. Obra en la debilidad humana para perfeccionar su poder.

4.3. Hay que pasar por el Getsemaní y el Calvario antes del Pentecostés.

4.4. La confianza en sí mismo tiene que desaparecer.

Ilustración: El caso de Pedro, que dijo que nunca negaría al Señor.

5. Lo envía (Juan 20:21)

5.1. Con el mismo fin que el Padre tuvo al enviar a Cristo.

5.2. A un mundo necesitado.

5.3. En una hora de crisis.

5.4. Para que vaya con el amor de Cristo.

5.5. Para redimir a la humanidad.

Conclusión

Necesitamos comprender a cabalidad la metodología que emplea Dios al hacer obreros. Un obrero forjado de otra manera fracasará. Uno que comprende la metodología divina se someterá y saldrá aprobado.

Samuel, ejemplo de dirigente espiritual

1 Samuel 7

Introducción

¿Ha oído de las maravillas del mundo? Se habla de la pirámide de Cheops, de los jardines colgantes de Nabucodonosor, del templo de Diana. ¿Por cuál votaremos como la más asombrosa? Pero aún de más asombro es el hecho de que por lo general Dios lleva a cabo su obra a través de seres mortales no tan perfectos. No es que no le quedara otro remedio, sino que por su gracia, y para poner de relieve su gloria divina, se vale de personas con todo y defectos. Tenemos el caso de Samuel que nos puede servir como modelo, aunque nos separan muchísimos siglos. Fijémonos en:

1. El tiempo del ministerio de Samuel

- 1.1. Un tiempo de decadencia.
- 1.2. Un tiempo de aflicción.
- 1.3. Un tiempo de derrota.
- 1.4. Un tiempo difícil para servir a Dios.
    - 1.4.1. Dios no le prometió a Samuel que todo sería fácil.
    - 1.4.2. A nosotros también Dios nos llama para tareas difíciles.

2. El carácter de Samuel

- 2.1. Justo; sin parcialidad.

2.2. No codicioso.

2.3. Humilde; no ambicioso

2.3.1. Tomó el segundo lugar, después de Saúl, cuando antes ocupaba el primer lugar en la nación.

2.3.2. Para algunos, tomar un lugar de segundo rango después de haber servido como "jefe" representa una necesidad de adaptarse a la nueva situación, cosa no tan fácil.

2.3.3. Cuando uno ya no es jefe, como antes, tiene que tener cuidado de alimentar mucho su vida espiritual, porque puede decaer su fuerza en las cosas de Dios.

2.3.4. Amoroso en su actitud.

2.3.4.1. Con el pueblo (1 Samuel 12:2).

2.3.4.2. Con Saúl (1 Samuel 16:1).

3. El ministerio de Samuel

3.1. De profeta.

3.1.1. Oía la voz de Dios.

3.1.2. Quedaba al compás de la historia.

3.1.2.1. Cambiaba su mensaje de acuerdo con el receptor y las circunstancias. No era igual para Elí, ni para Saúl, ni para David.

3.2. De sacerdote.

3.2.1. Intercedió por el pueblo (1 Samuel 12:23).

3.2.2. Tenemos que darnos cuenta de la gran importancia de este ministerio que todos podemos ejercer.

4. La calma y autoridad con que actuó frente a los filisteos

4.1. Llevó al pueblo a Dios y al arrepentimiento.

4.2. El ataque de los filisteos.

4.2.1. Quedaba inminente.

4.2.2. Los hijos de Israel tenían temor.

4.2.3. Samuel ofrece un holocausto a Jehová.

4.2.4. Samuel clama a Jehová por Israel.

4.2.5. Es de importancia ministrar al Señor frente a peligros.

4.3. Dios peleó por ellos.

4.4. Como resultado del ministerio de un hombre se alcanzó una gran victoria.

4.4.1. Ciudades restauradas.

4.4.2. "La mano de Jehová estuvo contra los filisteos todos los días de Samuel."

Conclusión

Dios no ha cambiado su método de valerse de hombres y mujeres para llevar a cabo su obra. Imitemos a Samuel como se lo ve en 1 Samuel 7. Podemos cambiar la historia si nos ponemos a la disposición del Señor.

El llamamiento y su realización

Marcos 1:17,18; 3:14,15

Introducción

Lo más alto y sublime es ser escogido para servir a Dios.

1. "Venid en pos de mí"

1.1. Nos llama de diferentes maneras.

1.2. Nos llama a diferentes ministerios.

1.3. A veces abarca más de lo que habíamos pensado.

1.3.1. Es grande la distancia de pescador a evangelista, luego fortalecer a otros.

1.3.2. Es grande la distancia entre la inestabilidad a ser piedra con fuerza para servir como columna.

1.3.3. Es grande pasar la distancia entre pastor de ovejas a apacentar las almas.

2. "Os haré pescadores de hombres"

2.1. Va más allá de llamar y promete capacitar.

2.2. El Señor ve potencial en nosotros, aunque dijéramos: "¿A mí, cuya ropa huele a pescado?

2.3. Nos llama, no por lo que ya somos, sino por lo que seremos. "Os haré."

2.4. ¿Quién hubiera escogido a los doce discípulos?

2.5. Tiene que hacernos a nosotros antes de hacer nuestro ministerio.

2.5.1. Ejemplos: Moisés, Pablo, Pedro.

2.5.2. Hay que pasar por el Calvario antes de experimentar la resurrección.

3. "Para que estuviesen con Él"

3.1. Se requiere una preparación del carácter.

3.2. Se requiere una preparación intelectual.

3.3. Se requiere una preparación de vivencia.

3.3.1. Nos coloca sobre la rueda del alfarero.

3.3.2. Tenemos que aprender a confiar por fe hasta obtener la victoria.

3.3.3. José no estaba listo para gobernar en Egipto hasta no pasar por las tribulaciones de ser vendido y luego calumniado.

3.4. Se requiere la preparación espiritual que da el Espíritu Santo.

3.4.1. El bautismo en el Espíritu Santo.

3.4.2. Recepción de dones espirituales.

3.4.3. La dirección del Espíritu.

3.4.4. El poder del Espíritu.

Conclusión

El llamamiento no es simplemente recibir una carta de invitación. Que Dios nos ayude a darnos cuenta de lo grande que es y entregarnos de corazón a que el Señor cumpla en nosotros su llamamiento.

Moisés, el varón de Dios

Hebreos 11:24-26; Éxodo 3

Introducción

Pocos son los pueblos que puedan señalar a un esclavo que les haya servido de legislador, de predicador y de caudillo. El pueblo de Israel es uno de esos pueblos. El fundador de esa nación se llamaba Moisés. ¡Qué dramática fue su vida y qué increíble su biografía!

1. Su decisión

1.1. Le quedaban sólo dos opciones: la fama y la comodidad del imperio más glorioso del mundo o el desierto.

1.2. Nuestra vida consiste de una serie interminable de decisiones, las cuales son los ingredientes del éxito o de la derrota.

1.3. Algunos no alcanzan el éxito en esta vida porque no toman una decisión firme.

1.4. Son tres las facultades principales que desempeñan un papel en el proceso de tomar decisiones.

1.4.1. El intelecto.

1.4.1.1. Todos sabemos más de lo que cumplimos.

1.4.1.2. La pura comprensión intelectual no produce gigantes espirituales.

1.4.2. Las emociones.

1.4.2.1. Muchos sienten grandes emociones.

1.4.2.2. Pocos alcanzan la madurez espiritual.

1.4.3. La voluntad.

1.4.3.1. Es la clave.

1.4.3.2. La espiritualidad no depende ni del intelecto ni de las emociones sino de la voluntad.

1.5. El mismo terreno puede producir espinos o buenos frutos.

1.5.1. Depende de la clase de semilla que se haya sembrado.

1.5.2. Nuestras decisiones son semillas que sembramos (Gálatas 6:7-9).

1.6. No hallaremos escape del resultado de nuestras decisiones.

1.6.1. Lo que hoy somos no se debe a una casualidad.

1.6.2. Hoy somos el fruto de lo que sembramos ayer.

1.7 Ejemplos de decisiones que tomamos, siendo algunas grandes y otras pequeñas.

1.7.1. Aceptar a Cristo.

1.7.2. El matrimonio.

1.7.3. La manera de responder al llamamiento de Cristo.

1.7.4. Ofrecer alabanzas o quejas.

1.7.5. La actitud asumida con respecto al dinero.

1.7.6. Si hemos de llevar una vida de santidad.

1.7.7 Nuestras relaciones con la familia.

1.7.8 Las tensiones que permitamos surgir en nuestras relaciones con otros.

1.7.9 Si tendremos fe.

1.7.10 Si llenaremos la mente de la Palabra de Dios.

2. Su llamamiento (Éxodo 3)

2.1. Dios le hizo ver a Moisés una necesidad.

2.1.1. El método divino es trabajar en sociedad con seres humanos.

2.1.2. Dios busca alguien que esté dispuesto a aceptar una carga.

2.2. La invitación extendida a Moisés no era para recibir sino para dar.

2.2.1. Moisés no preguntó sobre lo que recibiría.

2.2.2. Moisés no preguntó acerca del lugar donde ejercería su ministerio.

2.2.3. Moisés no preguntó que si habría oportunidad para sacar a relucir su ministerio.

2.2.4. La invitación era un interrogante sobre lo que Moisés iba a hacer por su pueblo.

2.3. La respuesta de Moisés.

2.3.1. Reconoció su incapacidad.

2.3.2. Ya no había de esa autoconfianza de creerse capaz de todo.

2.4. La promesa alentadora del que llamaba.

2.4.1. Dios iría con él.

2.4.2. No era cualquiera que lo llamaba sino el "Yo Soy".

3. Su preparación

3.1. Ser llamado no significa estar preparado.

3.2. En Egipto ya había recibido una preparación intelectual.

3.2.1. Dios se vale de lo que le ofrecemos.

3.2.2. Sin el intelecto no avanzamos en el servicio a Dios.

3.3. En el desierto, durante cuarenta años, había recibido una preparación de su carácter.

3.3.1. Moisés había sido un hombre fuerte en sí.

3.3.1.1. General militar.

3.3.1.2. Mató al egipcio.

3.3.2. La preparación planificada por Dios lo hizo fuerte pero también manso; de otra manera hubiera sido un caudillo violento.

3.3.3. Necesitaba con urgencia aprender a controlar su fuerza y disciplinarla ya que el pueblo que le tocaba dirigir lo iba a molestar.

3.4. Ante la zarza tenía que recibir una preparación espiritual.

3.4.1. Se le impartió una visión.

3.4.2. Se le dio poder. Llegó a hacer milagros, y podía traer plagas sobre la gente.

3.5. Después de su preparación ya Dios podía enviarlo.

4. Su reacción en la crisis de los becerros de oro

4.1. Cuando uno se halla en crisis revela la clase de persona que es.

4.2. La crisis constituía un desconsuelo para Moisés.

4.2.1. Hacía poco tiempo el pueblo de Israel había visto grandes maravillas de Jehová.

4.2.2. Probablemente cuando conversaba con Dios, pensaba que lo peor ya había pasado; pero al volver al pueblo, se indignó sobremanera.

4.2.3. Se enojó con Aarón, su propio hermano.

4.2.4. Dios dijo que no iría con ellos (Éxodo 33:3).

4.2.5. La desesperación de Moisés.

4.3. Moisés tuvo oportunidad de renunciar pero no lo hizo.

4.4. Buscó una nueva revelación de Dios.

4.4.1. "Muéstrame tu camino" (Éxodo 33:13).

4.4.2. Quería conocer a Dios.

4.4.3. Pidió que el Señor le mostrara su gloria (Éxodo 33:18).

4.5. Se daba cuenta de que no podía seguir adelante sin que Dios mismo los acompañara. No quedó satisfecho con la promesa del Señor de enviar su ángel.

4.6. No pidió a Dios una tarea más fácil, sino una visión y manifestación de Dios que fuera suficiente para el caso. No renunció como hubieran hecho muchos.

4.7 Moisés es digno de imitar. Así crecen los varones de Dios.

5. Su intercesión

5.1. Hay tiempos cuando no basta la predicación (Éxodo 32:31,32).

5.2. Se identificó con su pueblo en esta intercesión.

5.3. Reveló un corazón de buen pastor.

5.3.1. Pablo, en Romanos 9:1-3.

5.3.2. Amaba profundamente a los débiles, a los no muy amables.

5.3.3. David amó a Absalón aun cuando éste lo traicionó.

5.4. No cuesta nada permitir que se pierda un alma.

5.5. El varón de Dios tiene que mantener una semilla especial en el corazón cuando pasa por el éxito lo mismo que cuando pasa por la derrota.

Antoine de Saint-Exupery dijo: "Derrota . . . éxito . . . son palabras que no entiendo. Una victoria ensalza, otra corrompe. Una mata, otra trae vida. Dime cuál semilla yace en la derrota o en la victoria y yo te diré tu futuro. Solamente hay una victoria segura, es la victoria que yace en la semilla."

Un ejemplo del éxito que trae derrota es cuando un joven evangelista se enorgullece por resultados visibles de una campaña.

Un ejemplo de derrota que trae victoria es Cristo en la cruz. Hay pastores a quienes la iglesia ha pedido que se vayan pero que han sabido cultivar la semilla que ha resultado en un glorioso ministerio en otra iglesia.

Conclusión

Pongamos a Moisés como nuestro ejemplo. Sembremos fe, fidelidad, humildad, gratitud, integridad y obediencia. Rehusemos la mala semilla. Mañana segaremos si no desmayamos.

Ministerios de la mujer

Romanos 12:4-15

Introducción

Miramos la naturaleza en cualquier lugar y no vemos un paisaje de un solo color ni de una sola forma biológica. A nuestro Dios le complace la variedad, la cual se logra con muchas diferentes características. En el caso de la raza humana se nota también una mezcla de muchos seres diferentes. En la iglesia se repite el mismo estilo. Dios ha creado lugar y les da importancia tanto a los hombres como a las mujeres. Veamos algunos ministerios de gran valor que ejercen las mujeres.

1. Guardiana del hogar

1.1. La primera responsabilidad de la mujer es su familia.

1.2. Un ministerio noble es proveer lo siguiente para cada miembro del hogar:
  1.2.1. Fuego.
    1.2.1.1. Mantener la llama del amor, de primordial necesidad para cada ser.
    1.2.1.2. Mantener la llama de la inspiración, motivando así a todos en el hogar.
    1.2.1.3. Mantener la llama de la comprensión. Cada ser anhela ser comprendido.
  1.2.2. Calor.
  1.2.3. Protección de invasores de toda clase.
  1.2.4. Alimentación.
  1.2.5. Comunión; interacción social.

1.3. Pastora de ovejas pequeñas.
  1.3.1. La urgente necesidad de cultivar la fe en Dios.
  1.3.2. Inspirar devoción al Señor con su ejemplo y sus enseñanzas a los hijos.
  1.3.3. Dar importancia a la fidelidad con su ejemplo y sus enseñanzas.

2. Miembro del cuerpo de servicio en la iglesia

2.1. Febe tenía testimonio de haber ayudado a muchos, inclusive a Pablo (Romanos 16:1-3).

2.2. Mantiene fuerte a la iglesia.
  2.2.1. Haciendo visitas.
  2.2.2. Activa en las labores del Concilio Misionero Femenil.
  2.2.3. De mucho valor en muchas actividades de la Escuela Dominical.

2.3. Si es esposa del pastor, tiene un ministerio singular.
  2.3.1. Ayuda idónea al pastor.
  2.3.2. Una fuente de ánimo, ya que el pastor está sujeto a muchas presiones y puede caer en desánimo.
  2.3.3. Lo consuela cuando otros lo han herido.

2.3.4. Es fiel intercesora por el pastor.

3. **Testigo de Cristo**

3.1. De los seguidores de Cristo, fueron las mujeres que primeramente descubrieron su resurrección.

3.2. Anunciadoras de las buenas nuevas a los vecinos.

3.3. Una misión especial es visitar a los pacientes en los hospitales.

3.4. Se destacan las mujeres en el trabajo de abrir y mantener puntos de predicación, anexos y campos blancos.

3.5. Ejemplo de una mujer que cualquiera hubiera dicho que "no podía hacer nada" debido al hecho de que por ser inválida no podía salir de la casa. Empezó a hablar de Cristo a cualquier persona que se asomara a la puerta: al mecánico, electricista, vendedor. Al fin de un año varios se habían convertido.

4. **Intercesora**

4.1. Este ministerio no tiene imagen pública, pero figura como importante en la extensión del reino de Dios. Aunque tengan muchos otros ministerios, todas las mujeres deben desempeñar esta responsabilidad.

4.2. La orden de rogar al Señor de la mies que envíe obreros crea la necesidad de que las mujeres se conviertan en abogadas defensoras a favor de pueblos no alcanzados.

4.3. Que estén dispuestas a poner a un lado sus propios problemas para interceder por las almas que no saben nada de Cristo.

4.4. La responsabilidad de interceder a diario por cada uno de los hijos.

4.5. Por avivamiento en la iglesia. Si todas las mujeres de la iglesia se ponen a implorar a Dios por esta necesidad, ¿qué ha de suceder?

5. **Predicadora**

5.1. Pedro citó a Joel cuando dijo que en los postreros días lo mismo profetizarán los hijos que las hijas, los siervos de Dios que las siervas de Dios (Hechos 2:17,18).

5.2. Abundan casos acerca de mujeres que han ido a lugares muy difíciles donde ningún varón estaba dispuesto ni podía ir, y han abierto iglesias.

Conclusión

No hay ninguna mujer a la que Dios no haya llamado a un ministerio especial y específico. A través de toda la Biblia se ven mujeres que han servido con dignidad y fidelidad. ¿Habrá mujeres en estos días que estén dispuestas a que Dios se valga de ellas para bendecir a personas por las cuales Cristo murió?

Las estrellas que vio Juan

Apocalipsis 1

Introducción

Cuando uno puede decir que tiene el verdadero mensaje, la verdadera revelación, la última verdad, ¿qué le pasa por la mente de usted? Pues todos podemos afirmar que eso mismo hemos recibido de Dios. Se nos ha dado lo que Dios dio a Jesucristo.

1. Juan vio a Cristo

1.1. No lo vio como lo veían los mortales, sino la realidad que existe detrás de la cortina.

1.2. El Cristo de esta revelación es el que nos socorre en nuestra necesidad actual.

1.3. Su apariencia.

1.3.1. Severidad: no se trata de cualquier persona, ni de algo para entretenernos, sino del Gobernante del mundo.

1.3.2. Salía de su boca una espada aguda de dos filos haciendo ver que ha vencido.

1.3.3. Juan cayó como muerto.

1.4. Se hallaba en medio de los candeleros de oro, juzgando y estimulando; estaba con las iglesias.

1.5. Su mensaje.

1.5.1. Sus primeras palabras son de compasión y ternura: "No temas" (1:17).

1.5.2. Conoce todo; es el primero y el último.

1.5.3. Vive aunque había muerto.

2. Juan vio los candeleros que son las iglesias

2.1. El candelero tiene como propósito emitir luz.

2.2. El candelero necesita de combustible para alumbrar: el aceite del Espíritu Santo. (Véase Zacarías 4:1-6. Allí se traduce "candelabro".)

2.3. Cristo se preocupa por las iglesias: se ve que está en medio de ellas.

3. Juan vio las siete estrellas en la mano derecha de Cristo

3.1. Las estrellas también son luces.

3.2. Las estrellas son ángeles.

3.2.1. La palabra "ángel" significa "mensajero".

3.2.2. No habría necesidad que Cristo a través de un hombre diera un mensaje dirigido a un ángel. En este caso Juan escribe un mensaje para cada ángel porque en este pasaje se trata de pastores.

3.3. La relación de los mensajeros con las iglesias.

3.3.1. Se han de identificar con los creyentes de la iglesia.

3.3.2. Han pecado, como cualquier seguidor de Cristo.

3.3.3. Son responsables por la iglesia que pastorean.

3.3.3. Son mensajeros; han de entregar a la iglesia el mensaje divino.

3.4. Su relación con Cristo.

3.4.1. Están en su mano derecha.

3.4.2. Escogidos por Dios.

3.4.2.1. Caso de Jeremías (Jeremías 1:6-10).

3.4.2.2. Caso de Moisés (Éxodo 3:10).

3.4.2.3. Caso de Gedeón (Jueces 6:11-14).

3.4.2.4. Caso de los discípulos (Juan 15:16).

3.4.3. Estando en la mano del Señor, él los puede controlar y guiar.

3.4.4. Cristo se vale de ellos como instrumentos. Isaías profetizó que "la voluntad de Jehová será en su mano prosperada" (Isaías 53:10).

3.4.5. Él los tiene en la mano para consolar.

3.4.6. Teniéndolos en la mano, los protege.

3.4.7. En la mano, quedan apartados para Dios.

3.4.8. Los disciplina.

3.4.9. Como esa mano lleva cicatriz, se puede decir que allí en la mano están esculpidos; señal de gran amor (Isaías 49:14-16).

Conclusión

Si uno está en la mano de Cristo, ¿qué le puede faltar? Puede estar seguro en medio de lo que sea, o ante el ataque que se presente.

La triple visión

Hechos 26:13-20

Introducción

Preguntemos a Pablo en este momento por qué se sometía vez tras vez a los golpes y sufrimientos. ¿Por qué volvió a la ciudad donde acababan de apedrearlo? ¿Por qué salía a otro viaje misionero cuando el trato que le dieron en el anterior fue tan cruel? ¿Por qué languidecía en la cárcel debido a acusaciones falsas? Sin titubeo nos contestará lo mismo que le dijo al rey Agripa: "He tenido una visión."

1. La visión del Cristo resucitado, como Señor (vv.13-15)

1.1. La conversión sorprendente de Pablo el rebelde.

1.2. Se convenció de que Cristo vivía y como resultado su vida cambió.

1.3. Esta visión sostuvo a Pablo, llenó su horizonte, le dotó de paz y confianza, le obtuvo el perdón y llegó a darle dirección en su vida.

1.4. Necesitamos la visión del Cristo viviente.

2. La visión de su propio ministerio futuro (vv. 16-18)

2.1. Entendió que era "vaso escogido" y que, pasara lo que pasara, Dios se valdría de él.

2.2. Decidió "echar mano de aquello" para alcanzar todo lo que el Señor tenía para él, ya que Cristo había echado mano de él (Filipenses 3:12).

2.3. Dios tenía un plan para nuestra vida cuando echó mano de nosotros, hecho que nos ha de servir de norte en medio de cada circunstancia.

2.4. Necesitamos siempre una inquietud santa para proseguir hacia la meta de ver realizada la visión.

3. La visión de la necesidad del mundo (v. 20)

3.1. La visión lo impulsó a empezar a anunciar el evangelio inmediatamente a la gente donde estaba.

3.2. La visión de esa necesidad lo empujaba hacia Roma, y pensaba llegar más allá de Roma.

3.3. La visión se manifiesta en su declaración misionera de Romanos 10:14,15.

3.4. El gran problema es la posibilidad de volvernos egoístas en la vida espiritual y dejar de sentir la necesidad del mundo.

3.5. Cristo nos insta a tener una visión del mundo necesitado (Juan 4:35).

3.6. Miremos a la humanidad con los ojos de Cristo; está desamparada y sin pastor (Mateo 9:36).

Conclusión

Una triple visión del Señor resucitado, del plan divino para nuestro ministerio y de la necesidad del mundo servirá para jerarquizar lo que valoramos en nuestra vida. Sin tal visión será muy difícil mantenernos fieles a nuestra vocación cuando se nos levanten enemigos, estorbadores y burladores, pero con esta visión se encauzarán nuestras decisiones y seremos fieles hasta el fin, como Pablo. No quedemos satisfechos sin una visión, ni seamos desobedientes a la visión.

El papel de la fe en el ministerio

Romanos 12:3; Hebreos 11:1, 33-35

Introducción

¿Cómo sé que la casa que he comprado es mía de veras? Por medio de la escritura levantada ante el notario se hace la constancia de que ahora soy yo el dueño de la casa. Es algo parecida la fe. Llega a ser una escritura, una constancia. "Es, pues, la fe la certeza de lo que se espera, la convicción de lo que no se ve" (Hebreos 11:1).

1. Aspectos de la fe

1.1. Un descanso.

1.1.1. En medio de muchas necesidades materiales puedo "considerar los lirios" (Mateo 6:28,29).

1.1.2. Entramos en descanso (Hebreos 4); pero eso no equivale a la pereza.

1.1.3. En medio de la tempestad Pablo pudo descansar por medio de su fe. "Señores, creo en Dios" (Hechos 27:25).

1.2. Una defensa contra los dardos encendidos (Efesios 6:16).

1.2.1. Contra las dudas de que Dios vive y que nos ayuda a alcanzar la victoria final.

1.2.2. Para defendernos en medio de los deseos de abandonar la lucha.

1.3. Un arma para el ministerio.

1.3.1. "Sojuzgaron reinos" (Hebreos 11:33).

1.3.2. Nuestro avance será en proporción a nuestra fe.

2. La base de la fe

2.1. La Palabra escrita.

2.1.1. No cambia.

2.1.2. Tiene promesas selladas por la sangre del Señor como una escritura que lleva sellos.

2.2. Nuestra unión con Cristo da apoyo a nuestra fe.

2.2.1. Él es la cabeza, nosotros los miembros.

2.2.2. Él es la vid, nosotros las ramas.

2.2.3. El Señor cuenta con esta unión porque es imposible que Él quede sin fruto.

2.2.4. El Espíritu Santo opera en nosotros para activar la fe.

3. Operaciones de la fe

3.1. En las necesidades materiales el ministro tiene que aprender a confiar en Dios.

3.2. En las necesidades, el ministro espera ríos de agua viva, aun cuando no siente nada.

3.3. Esperar resultados. Según la proporción de fe. Siempre hay que esperar crecimiento.

Ilustración: Un misionero inglés llamado Hyde fue a la India. Acostumbraba dedicarse a la oración hasta que resultara una verdadera campaña en el lugar. Muy pronto la gente le puso el nombre de "Hyde, el hombre que ora".

Decidió pedir que el Señor le diera un alma cada día. Siempre esperaba que el Señor obrara cada día, y siempre veía la respuesta. Luego se puso a pedir que el Señor le diera dos almas cada día.

A medida que se profundizaba el horror del pecado que sentía, oraba con más intensidad. Llegó a pedir, y esperar, que el Señor le diera cuatro almas cada día.

3.4. Esperar que Dios remueva dificultades en la iglesia; no salir derrotado.

4. Requisitos de la fe

4.1. La santidad (1 Juan 3:21).

4.2. La humildad (2 Corintios 12:9,10).

4.3. El amor (Gálatas 5:6).

5. **Cómo lograr la fe**
    5.1. Asegurarse de la voluntad de Dios para poder activar la fe.
    5.2. Interceder. La oración es necesaria para inspirar la fe.
    5.3. Mantener la unión entre los hermanos; así se enciende la fe.
    5.4. No dar lugar a la vacilación. Siempre hay tendencias a dudar antes de la victoria.

Conclusión

Esperemos que Dios coopere con nosotros. Esperemos lo sobrenatural. ¿Está la escritura hecha y sellada? Entonces tenemos una seguridad. La fe es tener seguridad, tener la certeza de lo que no vemos.

El triple cuidado de un ministro

1 Timoteo 4:16; Hechos 20:28

Introducción

La gallina corría para cruzar la carretera. Pensaba en los sabrosos insectos que iban a saborear sus pollitos. Los autos pasaban con velocidad. Se puso a cloquear con fuerza e insistencia para que la siguieran con prisa las queridas criaturitas. Su responsabilidad para con los pollitos no era sólo de buscarles alimentos sabrosos, sino de cuidarlos de muchos peligros. Así es el pastorado.

1. **Cuídese a sí mismo**
    1.1. El primer pastorado que uno tiene es el de su propia vida.
    1.2. Su propia vida es el terreno que debe producir el primer fruto.
    1.3. Busque el crecimiento, porque si uno no crece, quedará atrás.
        1.3.1. En conocimiento.
        1.3.2. En espiritualidad.

1.3.3. En cultura.

1.3.3.1. La apariencia debe ser sencilla.

1.3.3.2. La apariencia no debe traer deshonra al evangelio.

1.3.3.3. La apariencia debe conformarse dentro de la cultura local.

1.4. Busque la constancia.

1.4.1. Diligente en el estudio.

1.4.2. Diligente en la oración.

1.4.3. Diligente en el servicio.

1.4.3.1. El que no es constante en servir a tiempo no le da tanta importancia al ministerio.

1.4.3.2. No es servicio llegar cuando ya uno no hace falta.

1.5. Busque el buen carácter.
Al decir “carácter” no me refiero a una manera de ser enérgico, sino a la totalidad de lo que uno es.

1.5.1. Mantenga la integridad.

1.5.2. Mantenga la sinceridad.

1.5.3. Vigile la actitud.

1.5.3.1. Ojo con permitir el desarrollo de la ambición.

1.5.3.2. Ojo con permitir el desarrollo de la codicia.

1.5.3.3. Ojo con permitir el desarrollo de la amargura.

1.5.4. Vigile el cuerpo y luche en contra de la carnalidad.

2. Cuide la doctrina

2.1. Que sea sana.

2.1.1. Ojo con salir con ideas novedosas.

2.1.2. Hay que comparar una doctrina con lo que enseña la totalidad de la Biblia.

2.2. Que sea suficiente para la necesidad del auditorio.

2.2.1. No depende de la personalidad.

2.2.2. No se analiza a la luz de la experiencia, sino la experiencia se juzga a la luz de la doctrina de la Biblia.

2.3. No se aparte de la verdad de la Palabra.

2.3.1. Hay que cerciorarse de que la grey adquiera un equilibrio doctrinal.

2.3.1.1. Las doctrinas fundamentales que se enseñan en el "Manual del reglamento local".

2.3.1.2. Doctrinas aptas para enseñar en el evangelismo y para motivar a todos a evangelizar.

2.3.1.3. Doctrinas para suplir las necesidades pastorales.

2.3.1.4. Doctrinas que exhortan.

2.3.1.5. Doctrinas que consuelan.

2.3.1.6. Doctrinas que inspiran.

3. Cuide todo el rebaño

3.1. Protéjalo de los peligros.

3.2. Mantenga una disciplina que redime y fortalece.

3.3. Esfuércese porque las ovejas tengan siempre buenos pastos.

3.4. Proporciónele actividades apropiadas.

3.5. No se puede pasar por alto su necesidad de tiempos de descanso.

3.6. El cometido es vigilar TODO el rebaño.

3.6.1. Los débiles lo mismo que los fuertes.

3.6.2. Los amables lo mismo que los antipáticos.

3.6.3. Los ancianos lo mismo que los jóvenes.

3.7 Hay que visitar a las ovejas.

3.8 Hay que orar por las ovejas.

3.9 Hay que exhortar a las ovejas.

Conclusión

Que nunca se diga de nosotros que éramos pastores sin corazón de pastor. Que seamos pastores de nuestra propia vida. Que estemos celosos porque se mantenga una buena doctrina entre nosotros. Que llevemos sobre nuestro corazón la carga de cada uno de nuestra grey.

El fruto de nuestro ministerio

Gálatas 2:20; Filipenses 2:1-3:10

Introducción

¿Cuál es la connotación que surge en la mente de la persona de la calle al escuchar la palabra "ministro"? ¿Qué es lo que el mundo piensa que es un ministro? ¿Qué cree el mundo que deben ser los resultados del trabajo de un ministro?

Según la Biblia, ¿cuáles deben ser los resultados de un ministro? ¿Por qué hay poco fruto de nuestro propio ministerio? Hagamos una sincera investigación.

1. Los obstáculos que impiden que haya fruto

- 1.1. Olvidar el hecho de que sin Cristo nada podemos hacer.
- 1.2. La falta de tener sed de Dios.
- 1.3. El impulso que ha resultado de experiencias anteriores.
- 1.4. Creerse competente en sí mismo, tener confianza en sí mismo.
- 1.5. Caer en el profesionalismo.
  - 1.5.1. Cuando uno lleva veinte años o más en el ministerio, eso puede ser un gran problema.
  - 1.5.2. Hacer las cosas de manera mecánica o habitual.
  - 1.5.3. Se evidencia por una falta de sinceridad.
- 1.6. Dejarse llevar por los deseos naturales.

1.6.1. En la toma de decisiones.
1.6.2. Al permitir que la mente reflexione en pensamientos carnales.
1.6.3. Al permitir resentimientos en el fuero interior.

1.7 El deseo de tener éxito sin pagar el precio.
1.7.1. Es fácil anhelar la corona sin llevar la cruz.
1.7.2. Queremos el Pentecostés sin el Calvario.
1.7.3. Buscamos bendiciones que no cuestan nada.

1.8. Ensalzar la rama en lugar de la vid.

1.9. Permitir que nos gobierne el egoísmo.

1.10. Ambicionar lo de este mundo en vez de buscar la voluntad de Dios.
1.10.1. La alabanza del pueblo.
1.10.2. El dinero.
1.10.3. Una vida de comodidad.

2. La unión con Cristo produce fruto

2.1. Se logra en la cruz de Cristo (Gálatas 2:22; Filipenses 3:10).

2.2. Cristo se identifica con nosotros: “Yo en vosotros.”

2.3. Nosotros nos identificamos con Él: uno en propósito y sentir.

2.4. La cruz significa la muerte a nuestros propios deseos, la muerte al yo. Isaías exclamó: “¡Ay de mí! que soy muerto” Isaías 6:5).

2.5. No podemos manifestar las glorias del Espíritu sin experimentar la cruz.

2.6. La potencia humana fracasa, la flaqueza de Dios triunfa.

2.7. Cristo es nuestro ejemplo (Filipenses 2).

2.8. La cruz debe regir nuestras actitudes y actividades.
2.8.1. La alabanza diaria en la cual habita Dios.
2.8.2. Con un verdadero amor podemos triunfar. Hay que permanecer en el amor del Señor (Juan 15:9).

2.8.3. Mantener una fe viva que se aferra de la fidelidad del Señor.

2.8.3.1. Cristo habita en el corazón por la fe (Efesios 3:17).

2.8.3.2. Hace falta tener las palabras del Señor en nosotros (Juan 15:7).

2.8.4. Nos conducirá a una obediencia.

2.8.5. Mantener un espíritu perdonador en lugar de resentimiento.

2.8.6. Hay que crucificar continuamente los deseos carnales.

Conclusión

¿Deseamos un verdadero ministerio espiritual? ¿Seguiremos por el camino de la cruz? Si llevamos fruto, depende de nuestra relación y unión con Cristo. Depende del tiempo que pasamos en comunicación con Él.

Agradó a Dios revelar a su Hijo

Gálatas 1:15,16

Introducción

Un creyente forma escándalos en su hogar, golpea a su esposa e hijos, grita palabras impropias, tira los muebles. ¿En nombre de quién lo hace? Pues en nombre de Cristo, porque se identifica ante todos los vecinos como un seguidor de Cristo. Y los vecinos comentan entre sí: “Esos son los aleluyas, los que siguen a Cristo.” Su concepto de lo que es el cristianismo se tuerce. Nosotros somos los nombrados para dar a conocer a Cristo a este mundo.

1. Dios desea revelarme a Cristo mediante el conocimiento

1.1. Pablo fue a Arabia para conocer a Cristo.

1.2. Conocemos a Cristo a través de la obra divina que la Biblia llama “ciencia”.

1.2.1. Familiarizándonos con la vida de Cristo.

1.2.2. Familiarizándonos con los dichos de Cristo.

1.2.3. Familiarizándonos con los milagros que hizo Cristo.

1.2.4. Familiarizándonos con el ejemplo que dan los hermanos.

1.3. Conocemos a Cristo a través de la revelación divina.

1.3.1. Percibimos en el reino del Espíritu lo que Cristo es para nosotros.

1.3.2. Por medio de la revelación podemos comprender términos teológicos, tales como el perdón, la justicia y la redención, lo que nos conduce a la salvación.

2. Dios desea revelar a Cristo en mí mediante la santificación que ha resultado de mi experiencia con Él

2.1. Lo que enseñamos no debe ser meramente una teoría vacía.

2.2. Dios se propone provocar un encuentro personal conmigo, con el verdadero yo.

2.3. El propósito de Dios es conformarnos a la imagen de su Hijo.

2.4. Debemos anhelar ser cristianos que de veras revelan a Cristo.

3. Dios desea revelar a Cristo a través de mi ministerio

3.1. Mi predicación tiene que revelar a Cristo.

3.2. Debo servir como Cristo sirvió.

3.3. Debo evangelizar como si Cristo lo hiciera.

3.4. Debo pastorear como Cristo lo haría.

3.5. Debo enseñar como Cristo enseñaba.

Conclusión

Dios necesita personas que conozcan a Cristo y que tengan la pasión de darlo a conocer a otros.

Morir es vivir

Lucas 14:25-31

Introducción

Dando, ganamos; perdiendo, vencemos; muriendo, vivimos. Tenemos que morir, tenemos que llevar la cruz. Crucificados con Cristo podemos servir en la batalla por nuestro Rey. De otra manera fracasamos. Nos puede parecer más cómodo vivir dejando al yo en el centro de nuestra vida, pero eso termina en la muerte. En cambio, al morir al yo, comenzamos a vivir.

1. Cristo exige que muramos en sumisión absoluta

1.1. Morir poniendo al Señor antes que la familia (v. 26).

1.2. Morir poniendo al Señor antes que los bienes (v. 33).

1.2.1. *Marcos 9:42-49.* La versión de Moffat (en inglés) dice que "todos serán consagrados con el fuego de la disciplina". Quiere decir que tenemos que someternos a la disciplina de Dios para poder mantener los bienes a una distancia de los deseos íntimos del corazón.

1.2.2. *La mano que agarra (v. 43).* Si vamos a morir a los bienes tenemos que ponernos muy fuertes con los deseos de hacernos de algo que nos llama la atención. Podemos amar mucho a Dios y todavía tener problema con la mano que quiere agarrar. Un buen ejemplo de esto es el caso del joven rico que se acercó al Señor.

1.2.3. *El pie que se desvía (v. 45).* Tenemos que imponer una voluntad de hierro sobre los pies. A veces se acercan a lo que no nos conviene y otras veces se alejan de lo que más nos conviene.

1.2.4. *El ojo que codicia (v. 47).* Cuando permitimos que el ojo se fije en lo ilícito, preparamos el terreno para una caída. El ojo del muerto no se fija en nada.

1.3. Morir poniendo al Señor antes que la vida misma (Lucas 14:27).

1.4. El resumen de todo esto de morir es negarse a sí mismo.

  1.4.1. La idea no es negarse sólo a ciertas cosas sino al yo.

  1.4.2. A veces es como un paquete lleno de muchas cosas pequeñas. Tenemos que negarnos de cada cosita. No se nos permite seleccionar unas cuantas que podrán permanecer en forma activa y emotiva con nosotros.

2. Al morir, la cruz llega a ser el punto central de nuestro mensaje

2.1. Los gálatas iban haciendo de ningún efecto la cruz (Gálatas 6:12).

2.2. Hay que evitar la posibilidad de anular la cruz con sólo sabiduría de palabras (1 Corintios 1:17).

2.3. El tema central de la predicación de Pablo era la cruz (1 Corintios 1:23,24).

2.4. Dios ha escogido lo menospreciado, "lo que no es", para "deshacer lo que es" (1 Corintios 1:28).

2.5. No nos predicamos a nosotros mismos ni nos ensalzamos.

2.6. El contenido de nuestro mensaje no pone en alto nuestras propias experiencias.

3. Al morir, la cruz llega a ser el punto central de nuestro ministerio

3.1. Cristo lograba que grandes multitudes lo siguieran (Lucas 14:25).

  3.1.1. No se dejaba impresionar por las multitudes.

  3.1.2. Cristo pretendía una verdadera obra de redención en sus oyentes.

3.2. Hay que morir al placer de recibir los elogios de la gente.

3.3. Hay que morir a la influencia exagerada que fácilmente puede ejercer el dinero en nuestras decisiones.

3.4. Sin darnos cuenta a veces empezamos a intentar adelantar nuestros intereses personales en vez de que el Señor reciba la gloria.

4. Al morir, la cruz se enseñorea de nuestras actitudes

4.1. Es fácil resentirse con las ofensas.

4.2. Si no tenemos un espíritu perdonador, todavía no hemos muerto (Lucas 23:34).

4.3. La naturaleza humana acostumbra caer en una tendencia vengativa con los que se le oponen.

4.4. Tenemos que ponernos siempre a vigilar nuestra vida para cerciorarnos de que no hayamos servido de estorbo a los creyentes con nuestro ejemplo.

4.4.1. Con el enojo.

4.4.2. Con un chiste indecoroso.

4.4.3. Con un deseo carnal.

4.4.4. Con la viveza en el trato a los demás.

4.5. Continuamente uno tiene que inspeccionar su corazón y su vida para cerciorarse de que la cruz no haya desaparecido.

Conclusión

¿Dónde está aquél que pierde la vida para salvarla? Sigamos al Cordero para que podamos decir que hemos sido crucificados con Cristo, que hemos muerto al yo. Únicamente así remediaremos los problemas ocasionados por la mano que agarra, el pie que se desvía y el ojo que codicia.

Es cuestión de saber si de veras deseamos un ministerio espiritual, si queremos ir con Cristo a la guerra. El Señor ha dicho: "Sígueme."

Si Dios vence al hombre, el hombre sale victorioso; pero si el hombre vence, sale derrotado.

Tres virtudes indispensables para el ministro

1 Corintios 13:13; 1 Tesalonicenses 1:3

Introducción

A veces nos sorprenden los requisitos que establecen algunas congregaciones para un pastor. Entre otras cosas se sabe de quienes han dicho que el pastor debe:

- tener pocos hijos.
- tener una esposa que no se meta en asuntos de la iglesia.
- tener una esposa que pueda pastorear en la ausencia del pastor.
- sudar y gritar cuando predica.
- tener una presencia física que impresione.
- gastar poco dinero.

Pero ¿qué es lo que la Biblia exige?

1. La fe

1.1. La fe es la certeza, que en el griego es *hipóstasis*.

1.1.1. Es la seguridad.

1.1.2. Es la confianza.

1.1.3. Es la convicción.

1.1.4. Es la base segura sobre la cual uno puede desarrollar su ministerio.

1.1.5. No es una ilusión.

1.2. Abraham hizo ver que tenía una base segura cuando armó su tienda en la tierra prometida; creyó en esperanza contra esperanza.

1.3. La fe es la medida de la eficacia de nuestro ministerio (Romanos 12:3).

Ilustración: Se puede enchufar una lámpara de cien vatios lo mismo que de veinticinco vatios. La diferencia no afectará en nada la planta generadora, pero la intensidad de la luz de la lámpara sí será diferente (Efesios 3:17-20).

1.4. La base de la fe.

1.4.1. Lo que ha dicho Dios.

1.4.2. Lo que Cristo hizo en la redención.

1.4.3. Nuestra relación con Cristo.

1.4.3.1. Él ha de ser la vid y nosotros las ramas.

1.4.3.2. Él ha de ser la cabeza y nosotros miembros del cuerpo.

1.4.3.3. No nos llama a hacer lo imposible.

1.4.4. El Espíritu Santo en nosotros que hace fluir ríos de agua viva.

2. La esperanza

2.1. Esta esperanza es una confianza gozosa relacionada con la paciencia (Romanos 8:22-30).

2.2. Es una paciencia en medio de las tribulaciones (Romanos 5:3,4).

2.3. Esta esperanza se expresa con el vocablo *hupomoné* (1 Tesalonicenses 1:3).

2.3.1. No se trata de sentarse pasivamente a aguantar las circunstancias difíciles.

2.3.2. Es una paciencia persistente, perseverante.

2.4. Esta esperanza pone el plan de Dios como el marco con el cual se consideran todas las cosas (Romanos 5:3,4).

2.4.1. Las pruebas no van a durar para siempre.

2.4.2. Algo mejor nos espera.

2.4.3. Las pruebas producen las características de la persona de Cristo en nosotros (Romanos 8:28-30).

2.5. En el ministerio esta esperanza se expresa por la paciencia que el ministro tiene con otros. No pierde la esperanza de que Dios va a formar su imagen en personas difíciles de tratar (Colosenses 1:28).

2.5.1. Bernabé era un ministro que tenía esa clase de esperanza, a tal punto que se le decía "Hijo de Consolación" (Hechos 4:36).

2.5.2. Bernabé manifestó esa esperanza en el caso de Pablo (Hechos 9:27).

2.5.3. Bernabé tenía esperanza activa en el joven Marcos (Hechos 15:37-39; 2 Timoteo 4:11; Colosenses 1:28).

2.5.4. Mientras Dios no pierda la esperanza, no podemos perderla por una persona o una iglesia.

3. El amor

3.1. El camino más excelente.

3.2. Es la medida del carácter cristiano (1 Corintios 13; Colosenses 3:14; Efesios 3:17).

3.3. Dios se revela a una persona de acuerdo a la capacidad de esa persona de comprenderlo.

3.3.1. Para la capacidad de algunos el punto más fácil de comprender es que Dios es poderoso.

3.3.1.1. Elohim, el Fuerte. Dios es poder.

3.3.1.2. Dios es el que envió plagas a Egipto con su poder.

3.3.1.3. El Todopoderoso obró de manera que los israelitas pudieran pasar el Mar Rojo.

3.3.1.4. Desde un punto de vista humano los milagros físicos son más llamativos que las bendiciones morales y espirituales.

3.3.1.5. No podríamos adorar a un Dios débil.

3.3.2. Dios es santo.

3.3.2.1. Ejemplificado en el Monte Sinaí.

3.3.2.2. Jehová no permite que su pueblo sirva a otro dios. Es cuestión del carácter.

3.3.2.3. A algunos les gustan los milagros y poco les importa la santidad.

3.3.3. Dios es amor.

3.4. La plenitud de la revelación de Dios tuvo que esperar la venida de Cristo.

3.4.1. Una nueva medida de poder: la resurrección.

3.4.2. Una nueva medida de santidad: debemos andar como Él anduvo.

3.4.3. Una nueva revelación de amor: el Calvario (Efesios 3:16-21).

3.5. Cristo reveló ese amor divino.

3.5.1. Con su actitud perdonadora: "Padre, perdónalos."

3.5.2. Con su actitud redentora: sufrió para salvar.

3.6. La plenitud de Dios se manifiesta en nuestra vida cuando somos llenados del amor de Dios.

3.7 El amor es el único motivo aceptable para el servicio. El Señor le dijo a Pedro que si lo amaba, tenía que cuidar de las ovejas de Él.

3.8 El buen pastor ama a sus ovejas y da su vida por ellas (Filipenses 2:17; 2 Corintios 5:14).

Conclusión

Un ministro sin fe no va a tener un ministerio aceptable. Un ministro que ha perdido la esperanza no va a hacer buen trabajo. Un ministro sin amor fracasará. La hora demanda ministros que manifiesten estas tres virtudes.

Pastores de verdad

Juan 10:7-15; 1 Pedro 5:1-4

Introducción

¿Dónde se podrá hallar a un pastor ejemplar para poder seguir su ejemplo? ¿Tendremos que ir lejos? No, porque en el mismo Nuevo Testamento aparece. Jesús es el buen pastor. Sin titubeo podemos seguir su ejemplo.

1. El pastor va delante, proporcionando dirección

1.1. Por medio del ejemplo de su vida.

1.1.1. Su conducta en el hogar.

1.1.2. Su conversación y su léxico.

1.1.3. Su manera de administrar el dinero, no contrayendo deudas que no puede cancelar.

1.2. Sus actitudes contribuyen a dar un ejemplo que resulta en dirigir bien o dirigir mal.

1.2.1. Si manifiesta aspereza, la dirección no es buena.

1.2.2. Si manifiesta egoísmo, el ejemplo es negativo.

1.2.3. Si manifiesta orgullo, su dirección va a guiar mal a otros.

1.2.4. Si acostumbra enojarse, las ovejas se desmoralizan.

1.3. Proporciona dirección espiritual.

1.3.1. Tiene que conocer los caminos que conducen a pastos verdes.

1.3.2. Experimenta personalmente la realidad espiritual en la cual desea dirigir a los demás.

1.4. Adquiere capacidad ejecutiva para dirigir mejor.

1.4.1. Sabe llevarse bien con la iglesia.

1.4.1.1. Da lástima ver pastores que no duran más de un año en una iglesia por no saberse llevar bien con la gente.

1.4.1.2. Tenemos que aprender a ponernos en el lugar de otros para comprenderlos mejor.

1.4.2. Sabe llevarse bien con el cuerpo oficial.

1.4.2.1. Sabe que cada uno tiene algo que puede aportar para el bien de la obra.

1.4.2.2. Respeta la dignidad de cada miembro.

1.4.2.3. Sabe que todos juntos pueden aportar más ideas para la buena marcha de la obra que si se tratara de uno solo.

1.4.2.4. Se da cuenta de que más vale compartir la responsabilidad de las decisiones tomadas que si él solo lo tiene que hacer.

1.4.3. Sabe poner a trabajar a los miembros.

2. El pastor provee para las ovejas

2.1. Alimento.

2.1.1. Se esfuerza porque sea apetecible.

2.1.2. Se esfuerza porque se incluyan diferentes elementos.

2.2. Protección.

2.2.1. A veces hay que pelear con fieras, como lo hizo David en el caso del oso y del león.

2.2.2. Una grey sin tener quien la defienda no puede prosperar.

2.3. Disciplina.

2.4. Consuelo.

2.5. Descanso.

3. El pastor conoce a sus ovejas

3.1. Es pastor de todas y no sólamente de las preferidas.

3.2. Presta atención individual.

3.3. Sabe que tienen diferentes características.

3.4. Bien sabe que cada una tiene necesidades diferentes que otras.

4. El pastor da su vida por las ovejas

4.1. No se hace nada si sólo se sirve de pastor cuando todo está tranquilo y sin amenaza de ningún enemigo.

4.2. A veces se logra más en tiempos de peligro que en otras épocas.

4.3. Hay muchos palabreros pero pocos pastores con corazón de padre.

Conclusión

No nos comparemos con el pastor en el próximo pueblo. No pensemos que por lo menos hacemos una labor un poco mejor que otros de quienes nos han contado. No toleremos una actitud irresponsable en nuestra alma. Pongamos muy en alto nuestra meta: ser pastor como lo fue nuestro Señor.

El desarrollo espiritual

Llamados a servir

Hechos 13:36

Introducción

Si hubiera necesidad de que se resumiera la historia de su vida en este momento, ¿qué quisiera que se dijera de usted? ¿Que fue un evangelista poderoso? ¿Que pastoreaba una iglesia grande? ¿Que sacaba las mejores notas en el instituto bíblico? ¿Que se graduó?

Cuando Pablo hizo un resumen de la vida del gran rey David, no habló de sus riquezas ni de su reino. Dijo que sirvió.

1. Servir es la causa más sublime

- 1.1. La vida como un acto de servicio.
  - 1.1.1. El que vive mejor es el que sirve mejor.
  - 1.1.2. Cuando la gente recuerda a ciertas personas, piensa en lo que dejaron; pero más vale que se nos recuerde por lo que dimos.
- 1.2. El ministerio como un acto de servicio.
  - 1.2.1. Que el más grande sea el siervo de todos.
  - 1.2.2. Tenemos la oportunidad de ministrar al que tenga la necesidad más honda.
  - 1.2.3. Si logramos quitar la carga a algún corazón, si podemos ayudar a tan sólo un hermano, no habremos servido en vano.

2. David sirvió a su generación

- 2.1. Dios nos asigna un tiempo y lugar específicos para servir.
- 2.2. La tarea está diseñada a la medida de cada uno.
- 2.3. Qué tremendo es saber que uno es el hombre o la mujer de la hora con el mensaje para la hora.

3. David sirvió conforme a la voluntad de Dios

- 3.1. No para ganarse la vida.

3.2. No para adquirir fama o riqueza.

3.3. No para recibir los aplausos del mundo.

3.4. Deseaba cumplir la voluntad de Dios.

3.5. David recibió la aprobación de Dios.

Conclusión

Sirvamos a nuestro pueblo en esta hora de tal modo que podamos oír estas palabras: "Bien hecho, buen siervo y fiel."

El significado de los fenómenos del Pentecostés

Hechos 2:1-4

Introducción

El viajero que se entretiene en la primera escala sin seguir el viaje, se pierde mucho. Dios ha planificado nuestro viaje con Él. Se traza la pauta a seguir en las fiestas del Antiguo Testamento: la Pascua, las Primicias y el Pentecostés. Algunos creyentes se quedan en el Calvario, otros en la tumba vacía; pero precisa seguir hasta el Pentecostés.

Notemos tres de los fenómenos que se observaron en la escena del día de Pentecostés:

1. El viento

1.1. Nos sugiere el aliento de Dios (Juan 20:22).

1.2. *Adán.* Dios hizo con él lo que no había hecho antes en lo que creó: le dio soplo de vida.

1.3. El vocablo "aliento" en sentido figurado representa vida, inspiración, fuerza.

1.4. Se arreció el soplo en el día de Pentecostés. Necesitamos recibir ese impulso divino.

1.5. Respirar el aire divino produce una inspiración que genera nuevos pensamientos.

1.6. Ezequiel vio que el Espíritu sopló sobre los muertos en el valle de huesos secos.

2. El fuego

2.1. El fuego espiritual fue profetizado por Juan (Mateo 3:11).

2.2. Señala la presencia de Dios. Caso de la zarza que ardía.

2.3. Ilumina para que entendamos las cosas de Dios.

2.4. Purifica; quema la escoria, la paja y el tamo para que seamos instrumento santo en las manos del Señor.

2.5. Da calor. El fuego de Dios genera en nuestros sentimientos amor y deseo de hacer la voluntad divina.

2.6. Derrite. Es la única manera de alistarnos para la fundición.

2.6.1. Dos piezas de metal se unen en este proceso.

2.6.2. Así podemos ser moldeados a la figura que Él ha escogido para nosotros.

3. Lenguas extrañas

3.1. El lenguaje es un hermoso don que no tienen los animales.

3.2. Se trata del dominio de la lengua. Al alcanzarlo, se logra el dominio del ser, de gobernar el timón (Santiago 3:2-8).

3.2.1. La lengua revela el carácter de la persona.

3.2.2. La confusión de lenguas en Babel se debió a la rebeldía de la gente.

3.2.3. En el día de Pentecostés los creyentes se sometieron al Señor; la evidencia era el control de la lengua de ellos.

3.3. Se trata de una comunicación.

3.3.1. En otras lenguas se alaba a Dios, se intercede. El espíritu del creyente se comunica con Dios.

3.3.2. Se nos facilita la comunicación con el mundo. “Mis siervos profetizarán.” “Me seréis testigos.”

3.3.3. Las lenguas ilustran nuestra misión. Hemos de ir por todo el mundo, a todos los pueblos, cualquiera que sea su lengua.

Conclusión

Es grande la necesidad de que estos tres fenómenos se manifiesten en nuestra vida.

→ Necesitamos el aliento que nos dé impulso, que nos inspire.

- Necesitamos el fuego que nos ilumine, que nos purifique, que nos dé calor, que nos derrita.
- Necesitamos las lenguas extrañas que den evidencia de nuestra sumisión a Dios, que nos den capacidad para mejor comunicarnos con Dios y con el mundo.

Esta hora estratégica

Ester 4:14

Introducción

Dios tiene la hora señalada para acontecimientos específicos en la historia. "Cuando vino el cumplimiento del tiempo Dios envió a su Hijo" (Gálatas 4:4). Este pasaje revela que en un momento específico en que el pueblo judío necesitaba de un intercesor, Ester ocupaba el puesto de reina: "¡Y para esta hora!"

1. Esta es una hora decisiva

1.1. El mundo está agitado.

1.2. La sociedad está en decadencia económica, política, religiosa.

1.3. El Espíritu Santo se está derramando en la tierra.

1.4. Se acerca el tiempo del fin de este período de la historia.

1.5. Qué triste es vivir hoy sin reconocer la importancia de esta hora.

1.5.1. Así vivía la gente en la época de Noé (Mateo 24:39).

1.5.2. Así vivían muchos en la época de Jesús (Lucas 19:41,42).

2. Esta es una hora de grandes oportunidades

2.1. Tenemos medios modernos para llevar el evangelio: la prensa, la radio, la televisión, y otros.

2.2. El pueblo de América Latina está más preparado para recibir el mensaje que antes.

2.3. Dios está visitando a América Latina con un despertamiento del Espíritu. ¡Que esta hora no nos encuentre desapercibidos!

3. Esta es una hora de buscar a Dios (Ester 4:16)

3.1. Hay que arrepentirse.

3.2. Hay que interceder.

3.3. ¡Hay que pedir que Dios visite esta tierra!

4. Esta es una hora de dedicarnos a la tarea

4.1. Se requiere un esfuerzo especial de evangelismo.

4.2. Las iglesias locales tienen que movilizarse como nunca antes.

4.3. América Latina tiene que enviar misioneros latinos a los grupos étnicos no alcanzados en todo el mundo.

5. Esta es una hora de dedicación personal

5.1. Al fin Ester entendió para qué había llegado al reino.

5.1.1. No para alcanzar su propia comodidad u honor.

5.1.2. Su pueblo la necesitaba.

5.2. Ester descubrió cuál era la razón de su existencia y se dedicó a la tarea de cumplirla a toda costa. "Si perezco, que perezca."

5.3. Dios obra en forma individual en cada persona.

Conclusión

Busquemos la razón de nuestra existencia y busquemos a Dios para cumplir con la razón de esa existencia. ¡Estemos listos para actuar en esta hora estratégica en que Dios nos ha colocado!

Sembrando en el Espíritu

Gálatas 6:7-9

Introducción

¿Cuántos desean sufrir la derrota? Más bien, uno desea alcanzar una magnífica cosecha espiritual.

1. **Los instrumentos de la siembra: las tres grandes facultades humanas**
    - 1.1. El intelecto: la facultad de razonar.
        - 1.1.1. Sabemos mejor lo que hacemos.
        - 1.1.2. La comprensión intelectual no asegura la espiritualidad.
    - 1.2. Las emociones: la capacidad de sentir.
        - 1.2.1. Se puede experimentar grandes emociones pero adolecer de una falta de madurez.
        - 1.2.2. Pueden ser positivas o negativas.
    - 1.3. El libre albedrío: el poder de elegir.
        - 1.3.1. La facultad más alta.
        - 1.3.2. Preso por el poder del pecado (Romanos 7:19,20).
        - 1.3.3. Somos librados del pecado por el Espíritu.
2. **La semilla: las decisiones y actitudes**
    - 2.1. Aceptamos a Cristo por medio de una decisión del libre albedrío.
    - 2.2. Tanto las decisiones pequeñas como las grandes son importantes.
        - 2.2.1. Aceptar a Cristo o rechazarlo.
        - 2.2.2. Casarse o quedar soltero.
        - 2.2.3. Aceptar el llamado al ministerio o seguir una carrera.
        - 2.2.4. Escoger entre divertirse u orar.
        - 2.2.5. Hablar con ira o pacíficamente a la esposa.
        - 2.2.6. Alabar a Dios o quejarse de Él.
        - 2.2.7 Tener fe o dudar.
        - 2.2.8 Perdonar o guardar rencor.
    - 2.3. Todos los días vamos sembrando con las decisiones que tomamos.
        - 2.3.1. De acuerdo a la semilla será la cosecha.
        - 2.3.2. No se ve de inmediato la cosecha.
        - 2.3.3. El mismo terreno puede producir trigo o espinas.
    - 2.4. La semilla es el factor principal de la cosecha.

2.4.1. No lo son las circunstancias.

2.4.2. No lo es la suerte.

2.4.3. Lo que somos ahora es lo que hemos sembrado en el pasado.

3. Se puede hacer un cambio de semilla

3.1. El hecho de cosechar éxito no da seguridad de seguirlo cosechando siempre.

3.2. El que fracasa no tiene que permanecer siempre en la derrota.

3.3. Algunos ya están sembrando semillas de un fracaso futuro.

3.3.1. Amor al dinero.

3.3.2. Concupiscencia.

3.3.3. Orgullo.

3.3.4. Desobediencia.

3.4. Otros están sembrando semillas de una victoria futura.

3.5. Jesús fue crucificado en derrota aparente pero su muerte resultó ser una semilla de triunfo.

Conclusión

Sembremos todos los días las semillas de obediencia, fe, amor y fidelidad. Bien sabemos que "todo lo que el hombre sembrare, eso también segará".

El nombre de Jesús

Filipenses 2:9,10

Introducción

Si digo: "Eso no tiene nombre", ¿qué quiero decir? Se trata de una censura, de hacer una evaluación de algo. No tener nombre es llegar a lo más bajo. En cambio, tener un nombre que todo el mundo reconoce y venera es lo que todos deseamos. Y tener un nombre que es sobre todo nombre es algo que sólo Dios puede alcanzar.

1. El motivo de ponerle el nombre a Jesús

1.1. El nombre fue dado por el ángel.

1.2. Significa "Salvador".

1.3. La humanidad se halla en apuros desesperantes.

Ejemplo: Job clamó: "No es hombre [Dios] como yo, para que yo le responda, y vengamos a juicio. No hay entre nosotros árbitro que ponga su mano sobre nosotros dos [y] quite de sobre mí su vara" (Job 9:32-34).

1.4. El plan divino para socorrer a la humanidad desesperada.

1.4.1. Dios vistió a Adán cuando éste con una actitud cambiada le tenía miedo a su Creador. Fue un paso hacia una redención total (Génesis 3:21).

1.4.2. Dios reveló otros detalles de su plan a Abraham. "En tu simiente serán benditas todas las naciones de la tierra" (Génesis 22:18).

1.4.3. Con la ley de Levítico se dieron a conocer muchas otras facetas del plan divino.

1.5. Entretejido en los escritos de los profetas está la proclamación: "¡Viene un Redentor!"

Ejemplo: Isaías 59:20.

2. El amor y la gracia del nombre para la humanidad moribunda

2.1. Mucho se habla en América Latina sobre la soledad del hombre y, de veras, el hombre adolece de una soledad terrible.

2.2. El hombre moderno sufre de miseria económica, social, emocional, espiritual; la vida no le ofrece sino sinsabores.

2.3. El ser humano padece de sed.

Escribió Gabriela Mistral: "Tantos años que muerdo el desierto que mi patria se llama la sed."

2.4. El nombre sobre todos los nombres identifica al que ama al desamparrado.

3. El poder del nombre

3.1. Como es nombre sobre todos los demás, librará al preso de las cadenas que sean.

3.2. ¡Cuántos alcohólicos y adictos a las drogas han encontrado libertad por haber sabido de este nombre!

Ilustración: Hace algún tiempo en África del Sur un creyente tenía necesidad de viajar a la capital. Se desesperaba porque no podía cruzar el río ya que acababa de llover fuertemente. Al lado del río había una cantina de la que salía un hombre harapiento, tembloroso, con los ojos opacos. El hombre, que se llamaba Mochuana, le dijo que antes era un hombre respetable, pero había perdido todo por el vicio. "No hay médico que me pueda curar", dijo. El creyente le dijo que sí había uno, que se llama Jesús. Cuando Mochuana le preguntó cómo podía acudir a Él, el creyente le dijo que clamara en su nombre.

Unas semanas después la esposa de Mochuana se encontró con el creyente y le preguntó qué le había hecho a su marido. Le explicó que ahora estaba totalmente bien, que parecía un hombre nuevo, que en el nombre de un tal Jesús, se había transformado.

3.3. No hay desgraciado que no pueda hallar solución si acude al que tiene este nombre sobre todo nombre.

Conclusión

Supongamos que me encuentro con un hombre que se va a morir a causa de una enfermedad pero que ningún médico lo quiere atender por la falta de recursos económicos. ¿Qué si le presento la tarjeta del mejor especialista del país para su enfermedad? Con ver ese nombre en la tarjeta el corazón del enfermo palpitará agitadamente. Ese nombre representa la posibilidad de su sanidad, y para más emoción, representa la persona mejor preparada para obrar la sanidad. Pero lo que más le va a alegrar al moribundo es que el especialista ya me informó que desea verlo.

El nombre de Jesús representa el solaz y ayuda que todos precisamos. Pero no termina allí. Este médico divino tiene gran deseo de atendernos. Ya lo ha declarado.

Los dichosos

Mateo 5

Introducción

Para la gente de la calle, ¿quién es el dichoso? Y según el Señor Jesús, ¿quién será el dichoso?

1. **El pobre de espíritu (v. 3)**
   - 1.1. Reconoce su pobreza espiritual.
   - 1.2. Humillado.
   - 1.3. El Señor ayuda a los que no pueden ayudarse.
2. **El que llora (v. 4)**
   - 2.1. Cuando hay verdadero arrepentimiento se llora.
   - 2.2. Estar consciente de su indignidad provoca llanto.
3. **El manso (v. 5)**
   - 3.1. Sabe controlar su genio.
   - 3.2. Tiene su fuerza disciplinada y controlada.

Ilustración: El caballo amansado tiene la misma fuerza de antes, pero ahora la sabe encauzar para el bien del amo. Antes corcoveaba y daba vueltas pero no llegaba a ninguna parte. Ahora puede conducir al amo a puntos lejanos.

4. **El hambriento y sediento (v. 6)**
   - 4.1. No tiene nada.
   - 4.2. Su deseo profundo de lo espiritual lo motiva a buscar a Dios.
5. **El misericordioso (v. 7)**
   - 5.1. No juzga ni condena.
   - 5.2. Redime y ayuda.
6. **El que tiene corazón puro (v. 8)**
   - 6.1. Su corazón está limpio.
   - 6.2. Sus móviles, sus motivos son puros.
   - 6.3. No tiene hipocresía.

7. El pacificador (v. 9)

7.1. Es comprensivo.

7.2. Sabe trabajar en armonía; busca estar en armonía.

7.3. Derrama aceite sobre el agua agitada.

8. El gozoso (vv. 10-12)

8.1. Mantiene el gozo cuando atribulado y perseguido.

8.2. El ancla firme le sirve para no preocuparse ni deprimirse.

Conclusión

Un abismo separa el concepto del mundo de lo que es la dicha y lo que el Señor enseña que es. Dediquémonos a desarrollar las características señaladas en este pasaje y estaremos mejor que el que "se gana el gordo" o el que gana la presidencia de la república en las elecciones.

El remedio eficaz para nuestros males

2 Crónicas 7:14

Introducción

¿Quién está pasando por tiempos difíciles? Hay ayuda.

1. Las dificultades

1.1. Derrota (2 Crónicas 6:24).

1.2. Oposición de afuera.
Caso de Pedro en Hechos 5:17,18.

1.3. Sequía y hambre (2 Crónicas 6:26).

1.4. Pestilencia (2 Crónicas 6:28).
Puede haber pestilencias en sentido figurado, como por ejemplo: chismes, desánimo, murmuraciones, incredulidad, fracasos.

2. El remedio

2.1. No renunciar, sino orar, buscando a Dios de todo corazón (2 Crónicas 6:24,26,29,32,34,37,38).

2.2. Cambio de actitud.

2.2.1. Humillarse.

2.2.2. Confesar.

2.2.3. Quebrantarse.

2.3. Ejemplo:

Me acuerdo que en Nicaragua, en 1944, un hermano se afligía al ver que muchos de los obreros no buscaban la plenitud del Espíritu Santo. Él lo comentaba con otros, a veces sin sabiduría, cosa que provocó una crisis. Pero oraba, buscaba a Dios durante muchos días. Por fin, en una reunión en El Sauce, los asistentes empezaron a orar, a llorar, a arrepentirse de una actitud negativa y una frialdad. El Señor comenzó a obrar de tal manera que por tres días la gente alababa a Dios. Apenas comían o dormían. Comenzó un avivamiento grande que resultó en el bautismo en el Espíritu Santo de muchos. Se duplicó la obra al cabo de dos años.

3. El resultado

3.1. En nosotros mismos.

3.2. En la iglesia.

Conclusión

El problema está en poder reconocer la llaga, el dolor de su corazón, como reza en 2 Crónicas 6:29. Apliquemos ahora este pasaje a nuestra propia situación, reconozcamos la llaga, cual sea, y extendamos las manos hacia el cielo en señal de reconocer nuestra urgente necesidad de la intervención divina.

Sueños probados

Génesis 37

Introducción

¿Qué pasaría por su mente si un hermano suyo comenzara a

relatarle acerca de sueños raros? Le daría poca importancia, ¿verdad? Pero si su hermano le contara que soñó que usted se postró ante él como a la autoridad máxima, ¿cuál sería la reacción de usted?

1. Los sueños de José

1.1. La juventud es época de sueños e ilusiones.

1.2. Hay sueños altruistas y los hay egoístas.

1.3. Dios da sueños que a veces anuncian el futuro.

1.4. Dios no nos hace soñar con lo imposible.

2. Las pruebas de José

2.1. El cumplimiento de un sueño no tiene que ser inmediato.

2.1.1. Tener que esperar sirve como medio de disciplinar el carácter.

2.1.2. A veces para que se cumpla un sueño, el hombre tiene que poner de su parte.

2.2. Los sueños de José provocaron dificultades: el malentendido y la envidia de sus propios hermanos.

2.3. Tuvo que pasar la prueba de la tentación carnal.

2.3.1. Se sabe qué tan fuerte es el carácter de uno cuando se está solo.

2.3.2. Puede arreciar la tentación cuando uno está lejos de la casa, sin el amparo de los seres queridos.

2.3. La desventura.

2.3.1. La cárcel.

2.3.2. El abandono.

2.3.3. La soledad.

2.3.4. Puede provocar al corazón a preguntar: ¿por qué, Señor?

2.4. El éxito también constituyó una prueba seria.

2.4.1. Fue considerable: prosperidad y autoridad.

2.4.2. Es tan difícil mantener la integridad en medio de la prosperidad material como en la escasez.

2.4.3. Algunos son humildes en la desventura pero arrogantes en el éxito.

2.5. La tentación a vengarse.

2.5.1. José venció perdonando.

2.5.2. José sujetó su propio espíritu.

2.5.3. José vio que Dios había tenido un plan.

Conclusión

¿Qué relación lleva el presente con nuestro porvenir? No abandonemos los sueños dados por Dios aunque tengamos que esperar. Cultivemos la paciencia. Aceptemos las pruebas y seamos fieles en ellas, así haciendo preparativos para nuestro futuro.

Sígueme tú

Juan 21:20-22

Introducción

Muchas dificultades son el resultado de habernos metido en lo que no nos toca. Nos hacemos el que sabe mejor que el otro y mejor que Dios. ¿Quién ha sido el consejero del Señor? Es como una nieta que le dice al abuelo lo que debe hacer.

1. Sígueme tú, sin tropezar con los sufrimientos de otros

1.1. No vemos el plan divino.

1.2. No vemos la gracia divina que Dios suple.

2. Sígueme tú, sin tropezar con los éxitos de otros

2.1. Se trata de una forma insidiosa de autoconmiseración y de una forma de envidia. “Ellos lo hacen mejor que yo. Trabajan menos que yo pero tienen más éxito. No vale la pena seguir luchando.”

2.2. Nos parecerá que les va mejor a otros, pero la realidad es que no podemos ver los sufrimientos ocultos de los demás.

2.3. Debemos más bien alegrarnos al ver que un hermano tiene éxito.

2.4. Lo que se ve ahora no siempre es lo que perdura.

3. Sígueme tú, sin tropezar con las caídas de otros

3.1. Algunos tropiezan al ver que un hermano comete pecado; pero les pesará más tarde.

Ejemplo: Se sabe de una madre que dejó la iglesia por la caída moral de su pastor. Años después ella volvió al Señor, pero mucho se afligía al ver que sus hijos, siendo ya grandes, no querían volver al Señor. Ella había sembrado con su ejemplo la idea de fijarse en los tropiezos de otros al punto de desistir de la lucha , y tal semilla dio fruto de tristeza.

3.2. Algunos tropiezan al ver que otros sacrifican sus principios cristianos para estar mejor en lo material.

3.3. Es sumamente peligroso permitir que las caídas de otros nos sirvan de satisfacción.

Conclusión

La Biblia no da lugar a duda ni a diferentes interpretaciones en esto. Muy claramente el Señor le aclaró a Pedro que había que seguirlo a Él y no meterse en asuntos ajenos. Nuestra responsabilidad es de poner "los ojos en Cristo, el autor y consumador de nuestra fe" (Hebreos 12:2).

¿Qué es un verdadero seguidor de Cristo?

Hechos 11:26

Introducción

Conversaban dos vecinos. Miró uno por la ventana y dijo que aquel cristiano con su perro iba al centro. ¿Qué entendía su vecino con el término "cristiano"? Que no era "animal" sino hombre. Tenemos que poner mucha atención a lo que creemos nosotros que es un cristiano. Podemos tener una lista de cosas que hace o deja de hacer. Podemos tener un concepto muy nuestro. Pero, ¿qué dice el Nuevo Testamento que es un cristiano, un verdadero seguidor de Cristo?

1. **El verdadero seguidor de Cristo es un creyente fiel (Efesios 1:1; Colosenses 1:2)**

 1.1. No cree lo que comunmente concibe el mundo sobre lo que es un cristiano.

 1.2. Ha creído en Jesús como Hijo de Dios.

 1.3. Tiene al Hijo de Dios como su único Salvador.

 1.4. Ha recibido un concepto de lo que es Cristo no por haber nacido de padres creyentes, no por haber asistido a un templo, sino por revelación del Espíritu Santo.

2. **El verdadero seguidor de Cristo es un discípulo (Hechos 11:26)**

 2.1. Es un aprendiz, uno que aprende del maestro, un alumno.

 2.2. Es disciplinado. El término "discípulo" y la palabra "disciplina" proceden de la misma raíz.

 2.3. Practica la doctrina de la mansedumbre.

 2.4. Acostumbra perdonar.

3. **El verdadero seguidor de Cristo es un hermano (Hebreos 3:1)**

 3.1. Como es hijo de Dios, es hermano de los demás hijos de Dios.

 3.2. Como buen hermano, se relaciona con los demás miembros de la familia.

 3.3. Ama a los demás de la familia (Juan 13:35).

 3.4. Procura guardar la armonía y unidad con sus hermanos (Efesios 4:1-3).

4. **El verdadero seguidor de Cristo es un santo (1 Corintios 1:2; Hebreos 3:1)**

 4.1. En el momento que uno cree en el Señor, recibe la justificación y, por lo tanto, debe andar en santidad.

 4.1. Hay tres agentes o medios por los cuales se recibe la santidad.

  4.1.1. La sangre de Cristo (1 Juan 1:7).

4.1.2. La Palabra de Dios (Juan 15:3; 17:17; Efesios 5:26).

4.1.3. El Espíritu Santo (Gálatas 5:16,22).

5. El verdadero seguidor de Cristo es un reflejo de Cristo (Romanos 8:29)

5.1. Desarrolla el carácter de Cristo; es como Cristo.

5.2. Piensa como Cristo.

5.3. Habla como Cristo.

5.4. Ama como Cristo.

Conclusión

Es fácil llegar a pensar que una persona de fe, un seguidor de Cristo, es aquel que hace grandes maravillas. Nos olvidamos que esto de reflejar a Cristo es un vivir continuo, es una revelación por medio de nuestra vida, por medio de nuestras acciones. Seguir a Cristo es un proceso que no termina nunca. Examinémonos para ver si de veras somos seguidores de Cristo.

Tentaciones de los que han sido llenos del Espíritu

Mateo 4:1-11

Introducción

Jesús fue tentado después de su maravillosa experiencia en el Jordán. El hecho de haber sido bautizado en el Espíritu Santo no lo libra a uno de tentaciones. Satanás, conociendo todas las debilidades humanas y habiendo vencido a Adán, se valió de toda su astucia para tentar a Cristo. Estas tentaciones representan la clase de tentaciones que nosotros tendremos que enfrentar después de ser llenos del Espíritu Santo.

1. La primera tentación: dar el primer lugar al yo

1.1. Esta tentación fue lanzada contra un padecimiento físico: el hambre.

1.2. Abarca también el problema de la naturaleza

humana de desear atender antes que nada los problemas personales; una especie de egoísmo.

1.3. La lógica es que uno debe atender sus propias necesidades primero si espera ayudar a los demás.

1.4. El enemigo lanzó un reto que apelaba al instinto de hacer ver quién era, como si el diablo no lo supiera.

1.5. Esto puede ser muy llamativo para el que conoce el bautismo del Espíritu Santo.

1.6. Se nos invita hoy a dar lugar al egoísmo y a la carnalidad.

1.7 El enemigo procura motivarnos a intentar aumentar nuestra influencia.

2. La segunda tentación: dar lugar al orgullo

2.1. Cuando Satanás no logra evitar que se reciba la llenura del Espíritu Santo, procura hacerle a uno translimitarse en el ejercicio del poder espiritual.

2.2. La insinuación era que así sería visto de los hombres.

2.2.1. Para satisfacer su curiosidad.

2.2.2. Para entretenerlos; como una especie de evento parecido al de un circo.

2.3. Diferentes manifestaciones de este problema.

2.3.1. Provocación a llegar a perder el equilibrio espiritual.

2.3.2. Darle poca importancia al empleo de las Escrituras.

2.3.3. Hay quienes alzan serpientes.

2.3.4. Caminar por el fuego.

2.3.5. Descuidar el cuerpo; no comer ni dormir.

2.3.6. Descuidar o abandonar la familia.

2.3.7 Varias manifestaciones espectaculares se pueden categorizar en esta tentación.

2.4. El caso de Simón el mago quien deseaba poder de Dios pero con el fin de ensalzarse a sí mismo, para aumentar su influencia.

2.5. Tenemos que ciudarnos mucho contra el deseo de ostentar lo espectacular.

2.5.1. En las campañas la gente corre para ver lo espectacular.

2.5.2. La gente se ríe y aplaude lo espectacular como si fuera un entretenimiento.

2.5.3. Es difícil discernir cuándo se trata de dar la gloria a Dios y cuándo es sólo un espectáculo.

2.6. El peligro de meterse deliberadamente en tentaciones para probar que uno tiene fuerza para no caer.

3. La tercera tentación: complacer al pueblo

3.1. Como Cristo vino al mundo para ganarlo para su reino, tiene que haber sido fuerte la tentación de aceptar la promesa de ganarlo con facilidad.

3.2. Con esta tentación, la insinuación era que el Señor no tendría que pasar por la cruz para ganar al mundo.

3.3. Cristo no cayó en la tentación de la popularidad.

3.4. Es fuerte la inclinación de limitar el contenido del mensaje a sólo lo que le guste al pueblo.

3.5. Más tarde las multitudes querían hacerle rey a Cristo, cosa que se relaciona con esta clase de tentación.

3.6. Cuando algunos siervos de Dios llegan a tener amigos o conocidos dentro del gobierno, es problema la tendencia de hacer lo que les plazca a esos funcionarios.

3.7 No siempre se podrá edificar la iglesia a base de la muchedumbre.

Conclusión

Cristo venció estas tentaciones valiéndose de textos de las Escrituras registradas en el Antiguo Testamento. Son el arma que necesitamos. No podemos desprendernos de ellas. No tenemos que defender nada que no sea conforme a las Escrituras.

El Señor salió de estas tentaciones firme en su Padre y decidido a hacer la voluntad de Dios aun cuando le costara la popularidad.

La aflicción de su alma

Isaías 53:11; Efesios 2:10

Introducción

Se cuenta que Miguel de Cervantes Saavedra pasó terrible aflicción mientras escribía El Quijote. No tenía para su sostenimiento propio. Pensar que este gran genio ni techo tenía para cobijarse. El pobre encontró refugio en un albergue de mala fama donde buscaba lugar para escribir. Muchas veces los clientes borrachos del prostíbulo lo trataban muy mal, a tal grado que le pisoteaban las hojas en que él escribía. Pasó mucho tiempo con semejante tormento, pero terminó su obra que hoy se aclama universalmente.

Hubo otro que pasó trabajo amargo, pero lo hizo porque quería ver en nosotros una creación especial.

1. El propósito divino de esta aflicción

1.1. Realizar una creación de amor en nosotros.

1.2. Llenarnos de la plenitud de Dios (Efesios 3:17,19).

1.3. Hacernos semejantes a Él (Romanos 8:29).

2. El costo de esta aflicción

2.1. Para ponerle el precio a un artículo que produce, el fabricante calcula lo que ha tenido que invertir en materiales y mano de obra.

2.2. Es incalculable el sufrimiento del Señor.

2.2.1. Porque su amor no tiene precio.

2.2.2. A veces los padres de un hijo rebelde creen que no pueden resistir más la angustia que tienen que pasar por la maldad del muchacho y saben que él tendrá que sufrir las consecuencias.

2.2.3. Nuestro Señor sufrió la rebeldía no de uno solo sino de toda la humanidad, aumentando a lo sumo su aflicción.

3. El premio de esta aflicción

3.1. La iglesia: usted y yo.

3.2. El gozo que le esperaba (Hebreos 12:2).

3.3. Nosotros somos una muestra de la obra de la gracia divina.

4. La satisfacción de esta aflicción

4.1. El carpintero no queda satisfecho si ve imperfecciones en su trabajo.

4.2. El artista no puede poner su nombre al cuadro a menos que esté satisfecho.

4.3. El que hace guitarras no pone su nombre adentro hasta no quedar satisfecho con la voz del instrumento.

4.4. Cristo quedará satisfecho si nosotros procuramos adquirir su semejanza.

Conclusión

¿Estamos dándole satisfacción al Maestro? Hay que responder a su amor amándolo. Escribió estos versos un preso condenado a cadena perpetua:

El niño dice: "Tanto, así, te amo yo",
Y extiende los brazos de par en par.
Así el Niño Dios aprendió a amar,
Y en la cruz sus brazos extendió:
"Te amo tanto; así", dijo, y expiró.

Crecimiento espiritual

2 Pedro 3:18; Efesios 4:13

Introducción

Tenemos que nacer antes de crecer, pero después de haber nacido, el propósito de nuestros padres es que crezcamos. Ellos se pondrían sumamente tristes si después de cumplir diez años estuviéramos todavía como un recién nacido.

1. Indicios de la falta de desarrollo

1.1. Falta de discernimiento (Hebreos 5:13,14).

1.2. Falta de progreso (Hebreos 6:1).

1.3. Falta de estabilidad (Efesios 4:14-16).

1.4. Carnalidad: celos y contiendas (1 Corintios 3:1-3).

2. Indicios de crecimiento

2.1. Amor a la Palabra (1 Pedro 2:1,2).

2.2. Amor a los hermanos (1 Corintios 13; Colosenses 3:14).

2.3. Progreso en santidad.

2.3.1. Guiados por el Espíritu Santo (Romanos 8:14).

2.3.2. Responsables; pensar en otros, cosa que por lo general no es característica de un niño. El niño prefiere recibir (Efesios 4:15,16; Gálatas 6:2).

3. ¿Como crecer?

3.1. Esforzarse para conocer las cosas de Dios.

3.2. Saturarse en la Palabra.

3.3. Aumentar la estatura espiritual en la gracia de Dios.

3.3.1. Adquirir una mayor receptividad de las indicaciones del Espíritu.

3.3.2. Aprender a vivir por fe.

3.4. Obedeciendo se crece.

3.5. Sirviendo a los demás se crece.

Conclusión

Un niño sabrá si ha crecido o no cuando va dándose cuenta de que puede alcanzar cosas colgadas a una altura encima del suelo, o cuando se fija en el espejo. Pero a veces el hijo de Dios no se da cuenta de su falta de crecimiento en el Señor. Tenemos que pedirle al Señor que nos revele nuestra actitud hacia la posibilidad de quedarnos de poca estatura. Roguemos por un gran deseo de crecer.

El Espíritu Santo en nuestra vida

Juan 14:16; 16:7-15

Introducción

¿Es sólo una fuerza el Espíritu Santo? Es mucho más: es una

persona. Es una de las persona de la Trinidad. ¿Cuál es su papel y relación con el creyente? Su obra no se limita a proporcionarle una sola experiencia.

1. Convence de pecado (Juan 16:8-11)

1.1. La naturaleza humana siempre quiere echarle la culpa a otro.

1.1.1. No decimos: "Rompí el plato", sino: "Se me rompió el plato."

1.1.2. Adán dijo: "La mujer que me diste", culpando así a Dios por su caída.

1.1.3. Saúl le dijo a Samuel: "Tú no viniste dentro del plazo señalado." Lo que dijo era que no tenía la culpa por haber ofrecido el holocausto, sino que la tenía Samuel (1 Samuel 13:11,12).

1.2. El ministerio del Espíritu Santo de convencer del pecado hace que los pecadores busquen a Dios y que los creyentes enmienden su comportamiento.

1.2.1. Únicamente se arrepentirá el pecador si el Espíritu Santo lo convence que ha pecado.

1.2.2. La elocuencia humana no convence de pecado.

2. Vivifica el espíritu del hombre (Juan 3:5-8)

2.1. Con la caída se cortó esa capacidad del hombre de tener una sensibilidad hacia las cosas espirituales y de entenderlas.

2.2. La conversión no consiste en que uno enmiende su manera de ser.

2.3. Cuando el Espíritu regenera a la persona, hay cambios notables en la vida de esa persona.

3. Bautiza al creyente

3.1. Se trata de una obra subsiguiente a la conversión.

3.1.1. Los samaritanos ya se habían convertido cuando los apóstoles oraron por ellos para que recibieran el bautismo del Espíritu. "El Espíritu Santo no había venido sobre ninguno de ellos" (Hechos 8:15,16).

3.1.2. Los nuevos convertidos en Éfeso no habían recibido todavía la promesa (Hechos 19:1-7).

3.1.3. El Señor Jesús era Hijo de Dios. Sin embargo, recibió la unción del Espíritu después de su bautismo en agua.

Ilustración del vaso: Primero el alfarero tiene que formar el vaso del barro, pero quedará vacío por hermoso que sea hasta que alguien lo llene de agua. Nuestra vida espiritual comienza cuando nos arrepentimos y aceptamos al Señor, pero queda vacía hasta que el Espíritu nos llene.

3.2. El simbolismo del bautismo.

3.2.1. Para que la persona sea bautizada en agua precisa que se rinda del todo en las manos del pastor quien la va a bautizar.

3.2.2. Ser lleno da la idea de haber recibido satisfacción.

3.2.3. Representa un nuevo grado de ser saturado de Dios, tal como cuando el creyente sale del agua después del bautismo.

3.3. El simbolismo de la unción.

3.3.1. En tiempos antiguos la unción significaba que uno recibía una comisión para un trabajo especial.

3.3.2. La unción también daba autoridad para hacer el trabajo especial.

3.4. El simbolismo de ríos de agua viva.

3.4.1. Es algo que inunda el ser.

3.4.2. No es un solo río, sino que la palabra está en el plural.

3.5. Nos pone en comunión con Dios.

3.6. Nos establece como una comunidad viva, un cuerpo en unión.

3.7 Nos capacita para ser testigos de Cristo.

4. Cómo se recibe el Espíritu

4.1. Uno tiene que limpiar la vida.

4.2. Uno tiene que entregar la vida al Señor.

4.3. Hay que ejercer fe.

Conclusión

No interesarse por recibir la nueva dimensión del Espíritu Santo en nuestra vida es igual a decir que no queremos más de Dios. Esta nueva dimensión es para todos los que Dios ha llamado y podemos alcanzarla.

La siembra y la cosecha

Gálatas 6:7-9

Introducción

Quería una buena cosecha de mangos. Me encanta comer mangos. Así fue que sembré en el patio semilla de melón. ¿Me acusan de un disparate? Es cierto. Era locura. Más bien, para lograr una cosecha de mangos, ¿qué tendré que sembrar? Confieso que lo que he dicho se trata de una parábola porque no estoy tan desquiciado como para sembrar semilla de melón buscando mangos, pero desafortunadamente muchos seguidores de Cristo sueñan con una cosecha de frutas maravillosas cuando lo que siembran es sólo mala hierba.

1. La importancia de vivir con cuidado

1.1. "Ten cuidado de ti mismo [tu conducta]" (1 Timoteo 4:16).

1.2. Lo que somos es más importante que lo que hacemos.

2. La facultad más importante del ser humano es la capacidad de tomar decisiones

2.1. No es la emoción.
No somos espirituales porque sentimos emoción.

2.2. No es el intelecto.

3. La cosecha es determinada por la semilla

3.1. Un terreno lo mismo produce granos que espinos.

3.2. No es sólo cuestión de tiempo. Durante el mismo tiempo un árbol crece mientras otro se pudre.

4. Nuestras decisiones son la semilla que sembramos

4.1. La suma total de las decisiones que hemos tomado hasta el momento equivale a la persona que somos.

4.2. No podemos evitar algunas decisiones.

4.2.1. ¿Qué hago hoy?

4.2.2. ¿Qué actitud tendré hacia los demás y hacia las circunstancias?

4.3. Puedo sembrar en la carne si así decido hacerlo.

4.3.1. Cuando un evangelista parece estar derrotado puede culpar a otros.

4.3.2. Cuando le caen mal las cosas, uno puede manifestar una rebeldía.

4.3.3. Uno puede dejarse amargar.

4.3.4. Uno puede dar rienda suelta a pensamientos carnales.

4.4. Cada situación presenta una bifurcación: o tomo la decisión de sembrar en el Espíritu o tomo la decisión de sembrar en la carne.

4.4.1. Puedo, si quiero, cobrar ánimo por saber en quién he creído.

4.4.2. Puedo, si quiero, tolerar con amor las insuficiencias de otros.

4.4.3. Puedo, si quiero, buscar la manera de aprender de mis equivocaciones para no repetirlas.

5. Determino lo que será el mañana por lo que siembro hoy

5.1. Tengo que cultivar hoy la fidelidad.

5.2. Tengo que cultivar la diligencia.

5.3. Tengo que orar más.

5.4. Tengo que trabajar con ahínco.

5.5. Tengo que visitar más.

5.6. Tengo que cultivar el amor ágape.

5.7. Tengo que ejercer una fe viva basada en la Palabra.

Conclusión

La ley de la cosecha no se podrá anular. Segaremos mañana lo que sembramos hoy.

Vasijas arruinadas y restauradas

Jeremías 18:1-3

Introducción

Le invito a pasar conmigo al taller de un amigo mío que es alfarero. Pero no entremos a hablar todavía. Pasemos al patio para ver el montón de vasijas, tinajas y platos rotos que mi amigo ha tirado. Mire, parecería que sucedió algún desastre. Son tantos los tiestos. Todos estos fragmentos, todas estas vasijas cuarteadas, presentan un aspecto desagradable. Me pregunto qué pensará mi amigo al ver los escombros. El había deseado formar algo bonito, pero no siempre fueron favorables los resultados.

1. El barro

- 1.1. Sin forma cuando el alfarero comienza a trabajar con el barro.
- 1.2. Carece de hermosura, es feo.
- 1.3. Sin significado ni valor.
- 1.4. Sin vida.
- 1.5. Tiene que pasar por un proceso de una preparación especial.
  - 1.5.1. Ser amasado.
  - 1.5.2. Permitir que el alfarero le saque piedritas o partículas ajenas.
  - 1.5.3. Soportar la eliminación de cualquier burbuja de aire.
- 1.6. Después de la preparación dolorosa, tiene que rendirse totalmente en las manos del alfarero para el proceso de adquirir la forma que tiene en mente el maestro.

2. La rueda

- 2.1. Puede simbolizar el medio ambiente en que vivimos.
- 2.2. Puede representar las circunstancias que nos rodean.
- 2.3. El barro da muchísimas vueltas sobre la rueda.

2.4. No tememos la rueda si conocemos al alfarero que maneja la rueda.

3. El alfarero

3.1. Cuando habló con Jeremías, Jehová se comparó con el alfarero.

3.2. Sabe de antemano la clase de vaso que desea hacer.

3.3. Tiene paciencia en su trabajo.

3.4. Trabaja con gran amor.

4. El vaso

4.1. Tiene que rendirse en las manos del alfarero

4.2. No resulta terminada la obra después de la segunda vuelta, sino después de muchas vueltas en la rueda del alfarero.

5. El fracaso con una pieza

5.1. Se aplica a Israel.

5.2. Se aplica a la humanidad entera.

En el Edén todo era hermoso, pero al quebrarse el vaso humano, se volvió todo en tiestos y fragmentos; un montón de escombros.

5.3. Se aplica al individuo.

5.3.1. A veces se pierde la esperanza.

Ilustración: Caso de la hechura de un vitral que preparaba Rosa Moretti. Deseaba copiar el famoso cuadro de Leonardo da Vinci de la última cena del Señor con sus discípulos. Pero la pieza de la figura de Judas Iscariote se rompía cada vez que se echaba al horno. La artista dijo que se había roto cinco veces y que haría sólo un intento más. Si no daba resultado dejaría el cuadro incompleto. Esta vez la nueva pieza pudo resistir el calor del horno y ahora el vitral es admirado todos los años por miles de personas.

5.3.2. No todos los que se someten a Dios salen sin problema después del primer intento del Maestro.

5.4. Se aplica al reincidente.

5.4.1. Se echa a perder su experiencia con Dios.

5.4.2. Resultan dureza y odio.

5.4.3. Se presentan más tentaciones.

5.5. Se aplica al obrero o creyente que ha perdido su primer amor.

6. El alfarero hace otra vasija

6.1. Dios tiene paciencia.

6.2. El alfarero vuelve a poner el barro sobre la rueda.

Ilustración: El caso de David Pérez. Era un vago, un borrachín, un ratero. Muchas veces había vuelto a caer en la borrachera después de hacer un esfuerzo de dejar el vicio. Volvía a quedar preso cada vez. Un día asistió a un culto para los presos en la cárcel. Allí dio su testimonio uno que había sido compinche de David en muchas pachangas.

David aceptó al Señor y por varios meses anduvo bien, pero luego alguien le brindó una cerveza. Fue el comienzo de una nueva caída de David Pérez. Llegó a ser peor criminal que antes. Se levantó de ese estado varias veces y cada vez volvía a caer. Un hermano que era comerciante le dijo que no se diera por vencido. Le consiguió empleo. Poco a poco fue ganando victoria sobre su alcoholismo.

Se convirtió en un obrero incansable. Le gustaba trabajar con los enviciados. Llegó a establecer una misión para rescatar a los que andaban perdidos, sin esperanza ni hogar donde refugiarse.

6.3. Con mucho amor Dios hace una nueva vasija del barro fracasado.

Conclusión

No seamos como un tiesto, una piedra, sino como barro dócil. Dios quiere hacer un nuevo vaso para su honra. No hay que temer.

La destrucción de fortalezas

2 Corintios 10:4

Introducción

¿En qué esferas se libran batallas? En la de la salud física nuestro cuerpo libra batallas impresionantes en contra de invasores de microbios y virus. En la de tentaciones del maligno; en la de posiciones sostenidas por los agentes del reino del mal. Por todos lados tenemos que pelear como lo hicieron Josué y Caleb en Canaán. Nos sorprende la manera en que el enemigo penetra nuestras líneas y establece fortalezas.

1. Las fortalezas de Satanás

1.1. En el hogar.

1.1.1. Sin darnos cuenta llegamos a llevarnos mal.

1.1.2. Sin desearlo, nos vemos atraídos por el materialismo.

1.2. En nuestra manera de ser.

1.2.1. Necesitamos poner más énfasis sobre la necesidad de formar nuestro carácter a la imagen de Dios.

1.2.2. El obrero que no estructura su manera de ser dentro del molde de un seguidor de Cristo va rumbo a una calamidad.

1.2.3. A la falta de sinceridad le dicen viveza, característica que abre las puertas del corazón al diablo.

1.2.4. Caer en la costumbre de no cumplir los compromisos nos conduce a graves peligros.

1.2.5. Trabajar a base de la política es una fortaleza común del enemigo.

1.3. En la carne.

1.3.1. La pereza.

1.3.2. Apetitos sexuales.

1.4. En la mente.

1.4.1. Dudas, como en el caso de Job.

1.4.2. El desánimo.

1.5. En el espíritu.

1.5.1. El orgullo.

1.5.2. El rencor.

2. Nuestras armas

2.1. No son carnales.

2.1.1. No a base de la política.

2.1.2. No a fuerza de personalidad.

- 2.2. Son espirituales.
  - 2.2.1. La victoria de Cristo puede ser nuestra.
  - 2.2.2. El Espíritu Santo.
  - 2.2.3. La Palabra.
  - 2.2.4. La oración.
  - 2.2.5. La fe.
  - 2.2.6. La perseverancia.

3. La necesidad de levantar fortalezas espirituales

- 3.1. Obedeciendo a Cristo no doy lugar a mis inclinaciones humanas. Más bien doy lugar a lo que desea el Señor.
- 3.2. Haciendo que Cristo sea mi vida.
- 3.3. Pensando en lo virtuoso (Filipenses 4:8).
- 3.4. Por lo que hacemos.
  - 3.4.1. Nuestra vida devocional.
  - 3.4.2. Tomando la decisión de actuar.
- 3.5. Empleando bien el tiempo.
- 3.6. Viviendo en la presencia de Dios.

Conclusión

La batalla es a muerte. El enemigo no se compadece de nosotros. Librará una lucha sin misericordia para que no avance el reino ni ganemos nada nosotros. Nunca nos dirá: "Pobrecito, lo voy a dejar ya que tiene poca fuerza." Los valientes toman la victoria usando las armas de las que disponen. Somos más que vencedores por medio de aquel que nos amó.

Después de la cumbre, ¿qué?

Josué 1:1-9

Introducción

Llegan momentos de trascendental importancia, pero ¿qué hacemos después? Un equipo gana el campeonato. ¿Ahora qué?

Con el dinamismo y la alta capacidad del presidente, la nación escala nuevas alturas, pero, ¿qué hará cuando se retire el ilustre líder? A base de esfuerzos y veladas un empresario logra una firma próspera. ¿Qué hará su hijo cuando el fundador desaparezca?

1. Hay que mirar al pasado: "Moisés ha muerto"

1.1. La gente se inspiraba pensando en la grandeza de Moisés.

1.1.1. Hay que darle el mérito de que había ganado esta eminencia.

1.1.2. Hay que aceptar el hecho de que Josué no era como Moisés.

1.2. Todos tenían que reconocer a la vez la imposibilidad de regresar al pasado.

1.2.1. No se puede regresar a las bendiciones.

1.2.2. No se puede remediar los fracasos del pasado.

2. Hay que mirar al futuro: "Pasa a la tierra que yo les doy"

2.1. Hay que enfocarse sobre la visión de la nueva tarea, pero a la luz de lo que ya se ha aprendido.

2.2. Hay que comprender que se trata de una tierra de oportunidades.

2.2.1. ¿Ya se ha hecho todo?

2.2.2. ¿Cuáles lecciones habremos aprendido ya?

2.2.2.1. La importancia de la palabra.

2.2.2.2. El lugar que tiene la profecía.

- No es para usurpar la autoridad del pastor.
- No es la autoridad principal para dirigir y dar órdenes.
- Es para edificación, consolación y exhortación.

2.2.2.3. La necesidad de la disciplina.

2.2.2.4. La necesidad de la organización.

2.2.2.5. Ojalá que se haya aprendido también la humildad.

2.3. Hay que esperar mejores y mayores cosas.

2.3.1. Un crecimiento espiritual continuo.

2.3.2. Un liderazgo dotado de más sabiduría y con más capacidad.

3. **Hay que mirar a la promesa divina: "Os he entregado . . . todo lugar que pisare la planta de vuestro pie"**

3.1. La fe es un factor poderoso en nuestro ministerio.

3.1.1. La fe es la certeza de lo que espera.

3.1.2. La fe es la convicción de lo que no se ve.

3.2. Hay que vivir en Dios y esperar la confirmación de sus promesas.

3.3. Hay que interceder.

Ilustración: La experiencia de Hyde.

Un joven del siglo dicinuevo, Juan Hyde, llegó a ser conocido como "Hyde, el intercesor" debido a la importancia que le dio a la intercesión. Fue a la India como misionero. En varias ocasiones surgieron grandes avivamientos después de que él, a veces solo y a veces con otros, había intercedido por muchos días. Llegó al momento de pedir al Señor que le ayudara a ganar un alma cada día. Así sucedía. Luego aumentó la petición rogando por dos almas cada día. Y el Señor se las concedía. Antes de morir había pedido cuatro almas por día.

Conclusión

No podemos quedar en la cumbre. No podemos permanecer siempre junto a un gran líder. Tenemos que levantarnos y pasar el Jordán. Fácilmente podemos detenernos por la crisis de darnos cuenta de que tenemos que abandonar la cumbre. La indecisión se puede apoderar de nosotros y el miedo nos puede congelar. En ese mismo momento hay que dar un paso de fe. En el nombre del Señor hay que levantarse y pasar al otro lado hacia victorias futuras.

Cinco poderes del evangelio

Romanos 1:16

Introducción

Los noticieros por la radio me anuncian toda índole de sucesos desagradables. Lo que leo en los periódicos me deprime. Mis problemas y necesidades me abruman. Pero este texto me levanta el ánimo a lo máximo. Me muestra cinco poderes con los cuales puedo triunfar.

1. La cruz: poder para redimir

1.1. Dios se identificó con nuestra condición.

1.2. Cristo llevó nuestros dolores.

1.3. Dios, en Cristo, nos rescató debido a su amor para con nosotros. Pagó el precio que nunca hubiéramos podido reunir.

Ilustración: Un empresario fue secuestrado por guerrilleros en su país. Se hallaba muy enfermo y necesitaba atención médica. Un hermano de él envió un mensaje a los secuestradores rogándoles que permitieran que él reemplazara a su hermano enfermo durante las deliberaciones sobre el rescate. Aceptaron la oferta los captores y así se salvó la vida del enfermo. Nuestro Cristo obró a favor nuestro con aún más amor.

2. La resurrección: poder para vivificar (Filipenses 3:10)

2.1. No bastaba sólo la cruz sino que hacía falta una manifestación potentísima del poder divino para romper las cadenas de la muerte y librar al Señor de las garras del enemigo (Efesios 1:19-21).

2.2. Cristo no volvió a la vida que tenía antes de la crucifixión, sino que resucitó a una vida nueva y más gloriosa.

2.3. Después de nuestro rescate, nuestra vida es más gloriosa.

2.4. Después de nuestro rescate, se nos da un nuevo corazón.

2.5. Como resultado de la resurrección, tenemos un nuevo poder que actúa como imán para sacarnos de derrotas y caídas y levantarnos a nuevas alturas con Cristo Jesús.

3. El Espíritu Santo: poder para ser como Cristo

3.1. La tercera persona de la Trinidad es nuestro Ayudador.

3.1.1. Se pone a nuestro lado para guiarnos tal como una maestra que tuve me tomó de la mano un día y me guió el lápiz para poder hacer el dibujo que tanto me costaba hacer.

3.1.2. Este Ayudador no se sienta en un rincón para esperar que suframos, sino que en el momento preciso está para socorrernos y facilitar nuestro triunfo.

3.2. Imparte la naturaleza de Cristo.

3.3. Proporciona poder para orar y adorar.

3.4. Imparte dones y ministerios para servir.

3.5. Mora en nosotros.

4. La Palabra: poder para comunicar

4.1. En el griego el vocablo es *logos*, que además de tener el concepto de "palabra", puede abarcar el concepto de razón o plan del universo.

4.2. Es el plan trazado de Dios para nosotros y para la iglesia.

4.3. Es la revelación de la voluntad de Dios.

4.4. Contiene las promesas de Dios (2 Pedro 1:4).

4.5. Es viva y eficaz (Hebreos 4:14).

4.6. Es la base de nuestra fe.

4.7. Dios honra su Palabra, la cual es un contrato divino.

5. La fe: poder para recibir (Mateo 17:20)

5.1. Recibimos la fe del Espíritu Santo.

5.2. Queda una parte humana para tener fe.

5.3. La oración prepara el terreno para tener fe.

5.4. La Palabra de Dios pone la base de nuestra fe.

5.5. Con la fe todo es posible.

Conclusión

La salvación no viene por obras ni tampoco recibimos los cinco poderes del evangelio por algo que hagamos nosotros, ni por promesas humanas, ni por ritos. Toda carne es hierba. El reino de Dios no se extiende con la fuerza que pudiera impartir la hierba. El evangelio proporciona las cinco potencias necesarias.

El sacrificio quemado sobre el altar

Levítico 6

Introducción

¿Qué se simboliza al hablar del fuego de Dios en el corazón? El libro de Levítico habla de sacrificios quemados sobre el altar. Estas explicaciones nos presentan un cuadro figurado de lo que es tener el fuego ardiendo en nuestra alma.

1. El altar: el Calvario

1.1. Es el lugar donde nos encontramos con Dios.

1.2. Es donde se pone la ofrenda por el pecado

1.3. Es donde se puede recibir la gracia divina.

1.4. Es el fin del orgullo y esfuerzo humano.

1.5. Es el principio del servicio a Dios.

2. El sacrificio

2.1. El sacrificio supremo es Jesús.

2.2. Ofrecemos un sacrificio cuando entregamos nuestra vida al Señor que es nuestro holocausto de adoración (Romanos 12:1).

2.2.1. Hay que atarlo a los cuernos del altar, ya que somos comprados; no nos pertenecemos a nosotros mismos (Salmo 118:27).

2.2.2. Es nuestro culto racional.

3. El fuego: el Espíritu Santo

3.1. Su origen: "Salió fuego de delante de Jehová" (Levítico 9:24).

3.2. El error de Nadab (Levítico 10:1).

3.2.1. Ofreció lo que Dios no había pedido.

3.2.2. Dios no halla placer en el fuego natural, en nuestros talentos, en nuestras palabrerías.

3.2.3. Lo nuestro se convierte en gran tentación para no tener el cuidado de obedecer estrictamente lo que el Señor nos pide.

3.3. Lo que hace el fuego.
   3.3.1. Purifica.
   3.3.2. Inspira.
   3.3.3. Ilumina.
   3.3.4. Moldea.

3.4. No se puede permitir que se apague este fuego.
   3.4.1. Había que atenderlo tres veces al día.
      3.4.1.1. Quitar las cenizas; todo lo que ahoga, y los rencores.
      3.4.1.2. No se puede depender de las experiencias de ayer.
      3.4.1.3. Poner más leña, la cual es nuestra consagración, y mantener un amor a Dios de todo corazón, alma y fuerza.

Conclusión

¿Qué tal es nuestro sacrificio? ¿Se mantiene vivo el fuego? ¿Habrá que echarle aire para avivarlo?

¿Quiénes somos?

1 Pedro 2:1-12

Introducción

Cuando Pedro traicionó al Señor, ¿tendría el concepto claro de su identidad en Cristo que se expone en este pasaje? No lo sabemos, pero sí sabemos lo importante que es que el creyente comprenda la nueva relación que tiene con el mundo y con Dios después de nacer de nuevo.

1. Somos niños recién nacidos: por regeneración

1.1. La vida que ahora llevamos es nueva.
   1.1.1. Rechazamos la malicia.
   1.1.2. Ya no engañamos.
   1.1.3. Actuamos con toda sinceridad.

1.1.4. Rechazamos toda posibilidad de envidiar, cosa no tan fácil cuando vemos a otros con éxitos que no hemos alcanzado nosotros.

1.2. Nuestra relación con Dios ahora es nueva: hemos llegado a ser sus hijos.

1.2.1. Sentimos un afán santo por la verdad divina.

1.2.2. Queremos crecer y madurar en el Señor.

2. Somos piedras vivas: para la edificación (v. 5)

2.1. Ser piedra viva en la casa de Dios implica tener nuevas relaciones con otros.

2.2. Para cumplir con este papel forzosamente tenemos que colaborar con los demás de la iglesia. Somos edificados conjuntamente en el templo.

2.3. Una piedra ejerce por naturaleza una estabilidad.

2.3.1. Hace ver la imperiosa necesidad de que los creyentes seamos estables.

2.3.2. No se puede levantar una casa con adobes o ladrillos inestables; se desplomarían las paredes.

2.4. Para aportar algo de valor a la casa tenemos que manifestar responsabilidad.

3. Somos sacerdotes: para la adoración e intercesión (v. 9)

3.1. Se trata de una diferente relación con Dios.

3.2. Como sacerdotes hemos de ofrecer sacrificios espirituales.

3.2.1. El primer sacrificio será nuestro propio ser (Romanos 12:1).

3.2.2. Ofrecer sacrificios de alabanza (Hebreos 13:15).

3.2.3. Otra clase de sacrificios es hacer buenas obras (Hebreos 13:16).

3.2.4. Hemos de dar ofrendas al Señor.

3.3. Hemos de llevar un sacerdocio santo.

4. Somos pueblo adquirido: para la comunicación (v. 9)

4.1. Esta nueva relación con Dios y el mundo encierra una nueva misión: anunciar la luz.

4.2. En la divulgación hay que pregonar a Cristo.

4.2.1. Por nuestros hechos.

4.2.2. Amándonos unos a otros.

4.2.3. Dando más de lo que se recibe.

4.2.4. Por nuestras palabras.

5. Somos extranjeros y peregrinos: con un nuevo destino (vv. 11,12)

5.1. Se trata de una nueva relación con este mundo.

5.2. Tenemos una nueva ciudadanía.

5.2.1. Nuestro lenguaje es diferente.

5.2.2. Nuestras costumbres son distintas.

5.3. Abrigamos una nueva esperanza.

Conclusión

Después que uno recibe a Cristo, ocurre una crisis, ya que todos los conceptos cambian. Nosotros mismos tenemos que darnos cuenta de ello y programar de nuevo nuestra manera de pensar. Se trata de una revolución espiritual, mental y psicológica. Tenemos que comprender también que el recién convertido a veces se halla en dilemas grandes ante los cuales tiene una necesidad de apoyo de personas más maduras en el evangelio.

Nuestro altar

Romanos 12:1

Introducción

Preguntemos a un azteca o a un maya de hace muchos siglos: ¿Cuál es el altar de ustedes? Contestará en seguida que se trata de una mesa de piedra encima de una pirámide donde se ofrece el corazón de una víctima.

Hagámosle la misma pregunta a un judío de los tiempos del rey David y nos dirá que se trata de un lugar de sacrificios de corderos o de becerros.

Interroguemos a una persona en la calle de una ciudad latinoamericana para ver qué cree acerca de un altar y nos asegurará que se trata de una mesa sagrada ante la cual el sacerdote celebra la misa, o tal vez dirá que se trata de un rincón en la casa que se ha reservado para cuadros y figuras de santos donde se prenden velas y se colocan flores.

¿Y nosotros? ¿Qué concepto tenemos de lo que es nuestro altar? No es ninguna de las cosas mencionadas. Nuestro altar es la cruz; sin oro, sin velas, sin flores.

1. Nuestro altar es un lugar de misericordia

1.1. Nuestro texto dice: "Os ruego por las misericordias de Dios."

1.2. Junto a la cruz hallaremos la compasión de Dios.

1.3. Quedaba muy especificada la manera en que el judío había de ofrecer su sacrificio.

1.3.1. El oferente ponía las manos sobre la víctima.

1.3.2. El oferente repetía algunas palabras para expresar claramente la idea de que cargaba sobre el animal, vivo aun, todo su pecado.

1.3.3. Decía el oferente que debía morir él mismo, pero que el animal moriría en su lugar.

1.4. Junto a mi altar, el cual es el Calvario, Cristo tomó mi lugar y pude hallar la misericordia divina.

2. Nuestro altar es un lugar de consagración

2.1. Nuestro texto dice: ". . . que presentéis vuestros cuerpos en sacrificio vivo."

2.2. Puesto que Cristo tomó mi lugar y pasó por la muerte que me correspondía a mí, ya no soy dueño de mi ser, sino lo es Cristo.

2.3. En este lugar de consagración tengo que quedar crucificado con Cristo (Gálatas 2:20).

2.4. A veces el yo se rebela y no quiere ser consagrado al Señor, por lo cual tengo que atar la víctima "con cuerdas a los cuernos del altar" (Salmo 118:27).

3. Nuestro altar es un lugar de adoración

3.1. Nuestro texto dice: "Es vuestro culto racional."

3.1.1. Aquí "culto" no tiene que ver con la cultura.

3.1.2. El vocablo "culto" da la idea de "adoración y homenaje".

3.2. Al igual que en el caso de los sacrificios bajo la ley, hay que esperar que el fuego consuma la ofrenda que le damos a Dios: el fuego del Pentecostés.

3.3. No ha de ser una adoración de mera rutina ni de oficio, sino una adoración de inspiración.

3.4. La verdadera adoración no va a consistir meramente de entonar cantos o decir palabras, sino es una verdadera entrega de vida y cuerpo a Dios.

3.5. Como en el Antiguo Testamento, esta adoración será un olor suave para Dios.

Conclusión

Acerquémonos a la cruz del Señor, la cual es nuestro altar. Hagamos de esa cruz nuestro enfoque para relacionarnos con Dios. No podemos acercarnos a Dios pensando en nuestros méritos, sino dando gracias a Cristo por haber tomado nuestro lugar en la cruz.

Piedras vivas en el templo de Dios

1 Pedro 2:5

Introducción

¿Qué significa el nombre "Pedro"? En el griego da la idea de piedra. No fueron los padres de Pedro quienes le pusieron este nombre, sino el mismo Señor Jesucristo cuando Simón ya lo seguía como discípulo.

Y ¿quién sino Pedro va a decirles a todos los creyentes que son piedras? Ningún otro apóstol les llama a los creyentes piedras. Claro que para Pedro, o sea *piedra*, este nombre era algo sobresaliente. Y así es que en su primera carta dice que todos somos "Pedro", o sea, piedras en el templo.

1. Una piedra es resistente

1.1. Nosotros mismos decidimos si vamos a ser de un material resistente.

1.1.1. Un adobe no resiste tanto como la piedra.

1.1.2. La madera por buena que sea no es como la piedra.

1.1.3. La piedra resiste el agua, el sol, la polilla.

1.2. El creyente debe llevar una vida sana.

1.2.1. No corrompida.

1.2.2. Sincera, sin hipocresía.

1.3. El creyente tiene que perseverar como una piedra.

1.4. La fuerza de una iglesia se halla en las piedras: los miembros

Ilustración: Es increíble cómo las piedras de Machu Picchu, la fortaleza inca en el Perú, han resistido los elementos por muchos siglos. Todavía muchos muros y paredes quedan intactos.

2. Una piedra es estable

2.1. Hoy, como mañana, uno puede estar seguro que mantendrá su peso y su capacidad de resistir.

2.2. No se mueve, no fluctúa.

2.3. El creyente *piedra* tiene que mantenerse en la sana doctrina, ya que es un desastre cuando un creyente cambia de doctrina cada dos meses.

2.4. El creyente ha de llevar fijamente su responsabilidad en la iglesia.

3. La iglesia no consiste de una sola piedra

3.1. Nos necesitamos los unos a los otros.

3.2. Tenemos que cargar el peso de muchos.

3.3. Es inconcebible que una piedra del templo se aparte para llevar a cabo su responsabilidad.

3.4. Todas las piedras bien acomodadas y unidas se ayudan mutuamente.

3.5. Si nos falta la armonía, es imposible que formemos un solo edificio.

4. **Las piedras tienen que ser labradas**
    4.1. No se acomodan como por magia en el momento de ser recogidas.
    4.2. La preparación de cada una requiere tiempo.
    4.3. La preparación requiere paciencia.
    4.4. Hay que imponerles una medida o forma que sirva para juntar una con otra.
    4.5. El cantero se ve con la necesidad de dar golpes para quitar asperezas.
    4.6. Pasa igual con los creyentes. Tenemos que ser labrados para que nos ajustemos al lugar designado para nosotros.
        4.6.1. De Cristo tomamos nuestras medidas.
        4.6.2. No tomamos las medidas de los demás hermanos.
5. **El interior del templo ha de ser cubierto de oro**
    5.1. El lugar santísimo del antiguo templo fue cubierto de oro (1 Reyes 6:21).
    5.2. El amor de Dios esconde con este proceso nuestros defectos.
    5.3. Es maravilloso cómo Dios embellece su templo a pesar de tener que valerse de piedras no tan bellas.
    5.4. El que sólo contempla el templo por fuera no se da cuenta de la gloria del Señor que viste las piedras de las paredes interiores.

Conclusión

Dios está edificando su templo para la eternidad. Cristo es la piedra principal del ángulo de ese edificio. Pongámonos en las manos del Constructor para que se adelante el proyecto. Dios quiere proseguir su labor con cada creyente, con cada piedra.

Una esposa para Isaac

Génesis 24

Introducción

No siempre encuentra un joven a su pareja a la vuelta de la esquina. Sueña con una muchacha con quien pueda compartir sus aspiraciones. Anhela participar con la compañera en la felicidad de establecer un hogar con hijos juiciosos. Pero la joven no aparece.

Por otro lado, todo padre se preocupa por sus hijos cuando llegan a la edad de casarse. Quiere lo mejor para ellos. ¿Se imagina como se habrá sentido Abraham, ya tan anciano, al ver que el su hijo todavía era soltero? Y para el colmo no veía en la vecindad a ninguna señorita que reuniera las características que para su nuera serían imprescindibles. ¡Y a él le quedaban muy pocos años de vida! ¿Qué hacer? Pues, enviar al mayordomo a quien se podía confiar sin reserva una misión tan delicada. ¡Cómo nos emociona este drama!

1. La comisión del padre (v. 4)

- 1.1. Enumeración de los requisitos para la novia.
  - 1.1.1. El criado había de viajar a donde vivía la parentela de Abraham y Sara.
  - 1.1.2. La señorita no podía ser idólatra.
  - 1.1.3. Ella tenía que estar dispuesta a salir de su tierra.
- 1.2. *Aplicación:* Hay requisitos establecidos para la novia de Cristo.

2. La búsqueda del enviado (vv. 10,11)

- 2.1. El viaje.
- 2.2. La espera del criado junto al pozo.
- 2.3. *Aplicación:* El Espíritu Santo busca un pueblo.

3. La escogida por el siervo (vv.16-19)

- 3.1. Era virgen.
- 3.2. Vino al pozo.

3.3. Era servicial. Sacó agua para el extranjero y sus camellos.

3.4. Fue beneficiada con regalos.

3.5. *Aplicación:* Nosotros también podemos acercarnos al pozo de salvación para que el Espíritu nos proporcione el agua espiritual. Recibimos los dones y la obra del Espíritu, las arras de nuestra herencia.

4. La decisión de la escogida (v. 58)

4.1. La señorita misma tuvo que tomar una decisión.

4.2. No se le exigía que aceptara ser la esposa de Isaac contra su voluntad.

4.3. Tenía que dejar la familia si decidía que sí; con todo, dijo: "Yo iré."

4.4. *Aplicación:* Llega el momento en que nosotros también tenemos que tomar una decisión por nuestra propia cuenta. A veces tenemos que estar en desacuerdo con la familia para servir al Señor.

5. El viaje de la novia (v. 61)

5.1. Hubo que atravesar un desierto por unos ochocientos kilómetros.

5.2. Montar a camello no es muy agradable.

5.2.1. Es un animal de mal genio, tosco.

5.2.2. No camina con suavidad.

5.3. Había golpes.

5.4. Había calor y polvo.

5.5. *Aplicación:* Tenemos que "montar el camello", pasar por experiencias difíciles, tomar nuestra cruz, porque queremos llegar adonde está el Amado.

6. El encuentro de los novios (vv. 62-67)

6.1. Fue al final de la jornada.

6.2. Ella bajó del camello.

6.3. Isaac salió al encuentro.

6.4. Rebeca lo conoció porque el criado afirmó que era él.

6.5. Fue recibida en la tienda de la madre de Isaac.

Conclusión

Hoy se nos hace la misma pregunta que tuvo que contestar Rebeca: "¿Irás tú con este hombre?" ¿Qué responderemos?

El vaso de alabastro

Mateo 26:6-12; Juan 12:1-8

Introducción

Eran días de tensión. Los rumores la preocupaban mucho. La gente hablaba de la posibilidad de que los dirigentes tramaban una manera de acabar con Jesús. Por otro lado, ella se sentía muy agradecida por la resurrección de su hermano Lázaro que el Señor había efectuado. Tenía una deuda inmensa con este hombre por su amistad y por su ayuda en momentos difíciles. Agradecía las enseñanzas de Él recibidas.

1. La acción de gracias y la adoración

1.1. Un sacrificio de amor de lo mejor que tenía.

1.2. No tuvo reparo en el extravagante precio del equivalente de doscientos jornales.

1.3. Era un acto de verdadera adoración.

1.4. Era una expresión de amor y gratitud; no preguntó si tenía que dar tanto.

1.5. No guardó la mitad para sí.

1.6. Sabiendo que no podría componerlo después, quebró el vaso.

2. El resultado del quebrantamiento del vaso

2.1. Hubo quienes la criticaron diciendo que era un desperdicio.

2.2. La casa se llenó de la fragancia.

2.3. Fue un conmemorativo que perdura hasta hoy.

2.4. Ha bendecido e inspirado a un sinnúmero de personas a través de las generaciones.

3. ¿Cuál es nuestro frasco?

3.1. Contiene nuestra vida: lo mejor que podemos ofrecer al Señor en agradecimiento por lo que ha hecho por nosotros.

3.2. Contiene nuestro corazón que con amor desea lograr una consagración completa al Señor.

3.2.1. Tenemos ejemplos de mártires y creyentes que dieron todo.

Ejemplo: Durante el avivamiento coreano a principios del siglo veinte una familia de campesinos se preguntaba lo que podría ofrecerle al Señor. La familia era tan pobre que parecía no tener nada que ofrecer. Pero el hijo mayor le dijo a su papá que podían vender el buey. El papá argumentó que así no podrían sembrar para poder comer durante el año; pero el joven insistió que se podía porque en lugar del animal él mismo tiraría del arado. El próximo domingo quedó asombrado el pastor al ver la cantidad de la ofrenda que esa familia presentó para el proyecto pro capilla.

3.2.2. No nos quejemos de la responsabilidad de dar diezmos al Señor.

3.2.3. El mundo te dirá:

3.2.3.1. Vas a malgastar tus talentos.

3.2.3.2. Vas a echar a perder tu juventud.

Ilustración: Eso fue lo que algunos dijeron cuando el muy joven Juan Stam y su esposa Betty servían como misioneros en China. Muy pronto llegaron a ser martirizados por los enemigos del evangelio, dejando huérfana su hijita recién nacida.

3.2.3.3. Vas a arruinar tu salud.

3.2.3.4. Puedes servir al Señor en otras maneras que no implican un precio tan alto.

3.2.3.5. Debes guardar algo para ti.

3.3. Una consagración total produce un resultado que redunda en bendición para otros.

3.3.1. A veces no nos damos cuenta cuando somos de bendición para otra persona.

3.3.2. Todos ejercemos una influencia espiritual en la vida de los demás.

3.3.3. La vida entregada a Jesús perdurará.

Conclusión

Sólo Dios sabe lo que hay en tu vaso de alabastro. Pero hasta que tú no lo quiebres en ofrenda para Él, no será de bendición.

Tres aspectos de la unidad

Efesios 4:1-16

Introducción

¿En qué está la fuerza? Según el dicho, la fuerza está en la unidad. Ni fuerza ni progreso se logran cuando cada persona trabaja por su parte. Pero cuando las personas se unen para trabajar, sí hay fuerza. De allí sale uno de los motivos importantes para la celebración de convenciones y concilios.

1. La unidad de la fe, o sea, de la doctrina

1.1. Cuando ha habido falta de comprensión de la importancia de mantener una unidad de doctrina, han resultado divisiones inútiles.

1.1.1. Hubo un caso cuando se dividió una obra por la discordia sobre la clase de aceite que se debía emplear para ungir a los enfermos antes de orar por su sanidad.

1.1.2. La cuestión de si se debe emplear un solo vaso para la Santa Cena o si se deben usar múltiples vasos ha llegado a causar graves problemas en algunos casos.

1.2. Hay que tomar una actitud inflexible para mantener la unidad en cuanto a doctrinas fundamentales.

1.3. Hay que tomar una actitud flexible en cuanto a la tolerancia de diferencias de detalles.

1.4. No se puede permitir un espíritu contencioso.

2. La unidad del Espíritu

2.1. Por el Espíritu somos hechos un solo cuerpo.

2.2. Amándonos unos a otros podemos mantener la unidad del espíritu.

3. La unidad del cuerpo

3.1. Era la dificultad grande de la iglesia apostólica.

3.1.1. Surgió una situación de partidos en Corinto. Algunos decían ser de Pablo, otros de Apolos, y para colmo, algunos insistían que eran de Cristo, como si los demás no lo fueran.

3.1.2. Se nota una jactancia carnal, un desprecio de los demás con el concepto de que eran menos espirituales.

3.1.3. Abundaban las rivalidades.

3.2. Pablo enseñó que la iglesia es un solo cuerpo y que no debe haber desavenencia o división en el cuerpo.

3.2.1. Ningún miembro del cuerpo puede independizarse y quedar aun con vida.

3.2.2. Hay límites a la libertad individual.

3.2.3. Por eso se celebran convenciones y concilios. En algunos países se les dice conferencias.

3.3. Uno se afilia voluntariamente con su obra, pero al hacerlo, pone a un lado la independencia y el desprecio.

4. Solícitos en guardar la unidad

4.1. El significado del vocablo “solícitos”.

4.1.1. La idea es hacer todo lo posible por lograrlo.

4.1.2. Hay que procurarlo activamente, poner empeño.

4.1.3. Esmerarse.

4.2. Siguiendo las cosas que hacen la paz

4.2.1. La cooperación es una parte del vínculo de la paz.

4.2.2. El respeto de los demás es vínculo de la paz.

4.3. No es buen dirigente si lo único que hace es provocar dificultades.

4.3.1. El buen dirigente sabe cooperar con los demás.

4.3.2. El buen dirigente sabe recibir órdenes.

Conclusión

Dios nos está llevando a la unidad completa del espíritu, la fe y el cuerpo. Con toda humildad y mansedumbre soportémonos con paciencia los unos a los otros en amor (Efesios 4:2).

El evangelismo y la extensión de la iglesia

La movilización de la iglesia

Lucas 9:1,2; 10:1,2

Introducción

¿En qué son distintos un templo y un ejército? El templo no se mueve; un ejército sí. Un templo en sí no gana victorias; un ejército sí lo hace.

1. Motivos para movilizar a la iglesia

1.1. Estamos en una hora de peligro.

1.2. Es mandato de Cristo.

2. Movilizar a la iglesia bajo el Espíritu Santo

2.1. Él dirige, llama, confirma.

2.2. Él hace los planes.

3. La importancia del individuo en la movilización

3.1. Todos tenemos que trabajar.

3.2. Pablo enseña que cada miembro del cuerpo tiene un papel que desempeñar aunque no sea muy visible.

4. La importancia de la iglesia local

4.1. Como centro de evangelización.

4.2. El templo no debe ser prisión sino cuartel.

Ilustración: La iglesia local se puede comparar con una planta de fresas. Su manera de multiplicarse es echando guías que se extienden por una corta distancia de la planta madre. Ahí las hojas de la guía echan raíz, formando de esa manera otra planta. De igual manera la iglesia local se extiende. Unos miembros se trasladan a otro lugar. Sus hijos juegan con los vecinos y éstos les oyen cantar coros evangélicos. Los padres les anuncian las buenas nuevas a los padres de esos niños. Celebran cultos en su casa e invitan a esos vecinos. La Palabra empieza a dar fruto, y hay convertidos. Pronto piden a la sede que se envíe un obrero para celebrar los cultos. Así se forma otra iglesia.

4.3. La iglesia local es un centro de entrenamiento.

5. **Diferentes niveles de entrenamiento**
   - 5.1. No sólo recibieron enseñanza los doce, sino los setenta.
   - 5.2. El reglamento local es útil para preparar obreros locales.
   - 5.3. Obreros laicos.
   - 5.4. Institutos bíblicos.
   - 5.5. Instituto de Superación Ministerial (ISUM).
6. **Estrategia para la iglesia nacional**
   - 6.1. Mirar los campos.
   - 6.2. Repartir tareas.
   - 6.3. Preparar un plan total de evangelización.
   - 6.4. Dar atención especial a las regiones no alcanzadas, como una obligación misionera.
   - 6.5. Hay que buscar nuevas vías.
     - 6.5.1. Para evangelizar algún grupo que por las vías acostumbradas no se ha podido alcanzar.
     - 6.5.2. Para alcanzar a mayor número de personas.
     - 6.5.3. Para interesar a aquellos a quienes por las formas conocidas no se les ha podido llamar la atención.
7. **Dinamismo para tener éxito**
   - 7.1. Amor a Cristo.
   - 7.2. La ayuda del Espíritu Santo.

Conclusión

Si cada creyente individual, si cada iglesia local, si cada organización nacional se movilizan en forma debida se ha de ver un ejército grande que saldrá de victoria en victoria. Nos sorprenderemos al ver que se ganarán almas como nunca.

Edificaré mi iglesia

Mateo 16:18

Introducción

Los hombres levantan monumentos y estatuas para conmemorar a una persona de renombre, pero al paso de los años surge una revolución o una contracorriente en que los insurgentes tumban la estatua o destruyen el monumento, y las ideas de la persona honrada caen en el olvido. No sucede así con el "monumento" o la entidad establecida por Cristo para continuar sus ideas y su obra.

1. La iglesia es parte integral del propósito divino

1.1. La extensión de la vida y ministerio de Cristo.

1.2. Cristo le dejó a la iglesia la comisión con que Él vino: "Como el Padre me envió, así yo os envío."

1.3. Símbolos.

1.3.1. La iglesia es el cuerpo de Cristo.

1.3.2. La esposa de Cristo es participante.

1.4. La Gran Comisión fue dada a un número limitado.

2. El equipo de la iglesia

2.1. Cristo dado a la iglesia (Efesios 2).

2.1.1. Su muerte.

2.1.2. Su resurrección.

2.1.3. Su triunfo.

2.2. El Espíritu Santo dado a la iglesia.

2.2.1. Hace posible cumplir el mandato.

2.2.2. Da un impulso interior.

2.2.3. Nos hace ver sus planes.

Ejemplo: Le hizo entender a Pedro que el evangelio es para todos (Hechos 10:34,35,44).

2.2.4. Nos hace accionar.

2.2.5. Somos hoy participantes de esta corriente.

3. La iglesia entra en acción

3.1. No ha de estar ensimismada.

3.2. No ha de ser cautiva a su edificio.

3.3. No ha de ser cautiva a sus tradiciones.

3.4. No ha de ser prisionera a la duda y el miedo. Los de la iglesia primitiva salieron de su aposento cerrado después del Pentecostés.

3.5. Cada creyente ha de ser testigo.

3.6. Los creyentes de la iglesia primitiva iban por las casas anunciando el mensaje.

3.7 El Espíritu Santo muestra el camino.

Conclusión

Creamos que el Señor hará milagros. Nadie podrá detener la extensión de la iglesia. Ni las grúas ni el olvido podrán tumbar la iglesia, ni detenerle la marcha. Los planes de Dios para cada congregación yacen incógnitos en el corazón. Dios nos los hará ver.

Sanidad para la humanidad

Hechos 3:1-16

Introducción

¿Cuál fue el primer milagro que se realizó después de la ascensión de Jesús? Tiene significado literal y simbólico. Es representativo del ministerio que debe tener la iglesia.

1. La víctima: un cojo

1.1. Satanás tuerce todo.

1.2. Tenían que llevarlo a la puerta.

1.3. No pedía mucho; sólo una limosna.

1.4. Representa a la humanidad.

1.4.1. Por nuestra cuenta no podemos salvarnos, pero gracias a Dios por aquellos que han ejercido influencia sobre nosotros para ayudarnos a allegarnos a Dios.

1.4.2. No tenemos deseos elevados. Algunos llegan a un culto sólo por curiosear.

2. El lugar: la puerta hermosa del templo

2.1. El centro de una religión que había perdido su poder.

2.2. Los ritos del templo ya no tenían vida para los asistentes.

2.3. Un edificio muy hermoso; pero el hombre salía igual como había llegado.

3. Los evangelistas: Pedro y Juan

3.1. Eran hombres comunes.

3.1.1. Pescadores sin instrucción superior.

3.1.2. Campesinos, de provincia. No venían de Roma o Atenas, urbes de renombre en aquel entonces.

3.1.3. Pobres, sin poder ofrecer ni plata ni oro; no llevaban ventajas materiales.

3.2. Representantes de Cristo.

3.2.1. Lo habían conocido antes que fuera crucificado y lo vieron cuando había resucitado.

3.2.2. Estaban llenos del Espíritu. Tenían experiencia propia de lo que esto significaba; no lo conocían de segunda mano.

4. El milagro: capacidad inmediata para caminar

4.1. Revela que Dios obra con verdadero poder.

4.2. Ha habido casos parecidos en nuestro tiempo.

Ejemplo: Henry Rose, veterano de la Segunda Guerra Mundial, cuyo muslo de una pierna fue destruido por un balazo y sólo haciendo gran esfuerzo podía cojear con aparatos ortopédicos. Una mañana se oró por él durante un culto devocional en el instituto bíblico donde estudiaba. Henry cayó como muerto, pero cuando se levantó al rato, se puso a dar saltos y corrió por todos lados, ¡para el asombro de muchos!

4.3. Resultó en mucho regocijo.

5. El medio: la fe

5.1. Esa fe estaba basada en el nombre de Jesús, o sea en su persona, su carácter, sus promesas, su poder.

5.2. Es por lo que representa ese nombre que nos acercamos al reino de los cielos.

5.3. Un nombre no parecerá nada, pero si es el del hombre más rico del país y tenemos autorización de actuar en su nombre, es lo único que nos hace falta. "¡Un nombre, nada más!"

6. El resultado: el cojo se levantó

6.1. El Señor espera que nos levantemos de donde estamos.

6.2. El mundo espera que nos levantemos.

6.3. Cuando nos levantemos, todo será diferente.

Conclusión

Hoy la iglesia está frente a la humanidad tullida. ¿Le servirán sermones chistosos o mensajes elocuentes? ¿Le servirá la costumbre de siempre? ¿Estará nuestra iglesia igual al templo donde se sentaba el lisiado de Hechos 3?

¿Dónde radica el poder del evangelio?

Romanos 1:1

Introducción

Queda evidente el impacto que ha tenido el evangelio en la historia. ¿Cuáles son algunas pruebas de este hecho? Ha transformado pueblos e individuos. Podemos citar el caso de una zona del volcán de Santa Ana, El Salvador. En uno de los poblados el pan de todos los días era asesinatos, crímenes y violencia. Sin embargo, un creyente llevó un día el evangelio a aquel lugar. Dios se movió por medio de su Espíritu de tal manera que más tarde se podía caminar a solas por las calles a medianoche sin peligro alguno. Pronto surgieron muchas iglesias en todos aquellos contornos.

1. La potencia del evangelio no se deriva de una teoría

1.1. Teorías y filosofías se prestan para una discusión, pero no salvan a nadie.

1.2. El evangelio es más que teoría.

2. La potencia del evangelio no se deriva de la tradición

2.1. Algunos viven por sus tradiciones y las defienden.

2.2. Algunos desean imponer la tradición sobre todo.

2.3. El evangelio cambia las tradiciones; por eso se enojaban los fariseos.

3. La potencia del evangelio se deriva de la verdad

3.1. La verdad es potente.

3.2. La verdad es eterna. No comenzó con Lutero.

3.3. La verdad corta los lazos de las costumbres y de la ignorancia.

4. La potencia del evangelio se deriva de la justicia divina

4.1. Queda claro que la justicia divina vence al poder de Satanás.

4.2. La potencia divina impartida al hombre vence al poder satánico y del pecado.

4.3. La justicia divina transforma al asesino en buen hombre.

4.4. La justicia divina ha de imperar algún día en todo el mundo.

5. La potencia del evangelio se deriva del amor

5.1. El amor ejerce una fuerza increíble.

5.2. El amor a la patria llevó a los héroes a dar la vida por su libertad. Mencionar uno del país donde se predica este mensaje.

5.3. El amor de una madre la impulsa a rescatar a su hijo aunque haya riesgos grandes, pero el amor del Omnipotente por nosotros lo llevó a no rescatar a su amado Hijo.

5.4. Dios es amor y la potencia del evangelio procede de Él.

5.5. Algunos por amor a un amigo hacen hazañas.

6. La potencia del evangelio se deriva de la redención realizada por Jesucristo

6.1. Satanás había hecho todo lo que podía para que no se efectuara esta redención, pero Dios era más fuerte.

6.2. Esta redención tiene poder para salvar al más perdido.

6.3. Cristo vive aun y sigue redimiendo. Se trata de un poder que no disminuye a través de las edades.

Conclusión

Hagamos una recapitulación de los diferentes factores que se unen para dar poder al evangelio: la verdad, la justicia divina, el amor divino y la redención obrada por Cristo. Resulta una combinación tan dinámica y tan fuerte que arrasa con las dudas y los obstáculos.

Para esta hora

Ester 4:14; Hechos 2:1

Introducción

"¿Qué hora es? A ver, ¿quién me lo va a decir?" Todos miraban su reloj para poder dar una respuesta. Y si se lo preguntáramos a Dios, ¿tendría Él que mirar su reloj? Claro que no. Desde la eternidad ha estado consciente del transcurso de las cosas. Y desde la eternidad ha marcado diferentes horas de gran trascendencia.

Qué tragedia vivir sin discernir el significado de la hora. La gente de los días de Noé no supo nada hasta que llegó el diluvio (Mateo 24:37-39). Cristo reprendió a los fariseos por no poder interpretar las señales de los tiempos (Mateo 16:2,3; Lucas 12:54,56). Los habitantes de Jerusalén no se daban cuenta del día en que pudieran haber tenido la paz (Lucas 19:42). Me temo que muchos creyentes hoy día tampoco se dan cuenta de la hora en que vivimos.

1. Es una hora histórica y trascendental

1.1. Los peligros abundan.

1.2. Las guerras étnicas y religiosas siguen dividiendo a las naciones, avisando así que la noche viene.

1.3. Los judíos regresan a su nación la cual va en fuerza ascendente. Se trata de una señal de los últimos tiempos.

2. Es la hora del derramamiento del Espíritu

2.1. El poder del Pentecostés es para esta hora.

2.2. Dios se vale de hombres consagrados y llenos del Espíritu.

2.3. Nos vemos ante una cosecha de increíbles proporciones.

Ilustración: Un hermano nicaragüense, sin grandes talentos, comenzó una obra en una región donde no había llegado el evangelio. De pronto empezó a sentir una inquietud de que el Señor lo quería llevar a otra parte, pero la congregación decía que no había quién lo reemplazara. Bajaron las entradas y el hermano tuvo que ponerse a sembrar para poder subsistir. Un día oyó que alguien lo llamaba. Se volvió para ver quién era, pero no vio a nadie. Pensó que sería su esposa y fue a la casa para ver. Ella le aseguró que no lo había llamado.

De nuevo en la siembra volvió a sentir la voz. Muy extrañado corrió a la casa. Su esposa le dijo que si volvía a escuchar su nombre que le dijera al Señor que estaba dispuesto a hacer su voluntad.

Efectivamente, ocurrió lo mismo una tercera vez, y cuando el hermano expresó su disposición de obedecer a Dios, sintió que el Señor lo llamaba para otra región donde no se había predicado el evangelio. Se trasladó con su esposa al lugar, sin promesas de ayuda. Dios los bendijo y surgió otra iglesia.

3. Es la hora de oportunidad

3.1. Tenemos a nuestra disposición medios de comunicación como nunca antes: literatura, radio, televisión.

3.2. Muchos creyentes se pueden movilizar para evangelizar: la juventud, los estudiantes de institutos bíblicos, los caballeros, las damas.

4. Es la hora de decisión

4.1. La hora nos pertenece.

4.2. No se puede evadir tomar una decisión en cuanto a lo que tenemos que hacer.

4.3. Dilatar es responder que no.

5. Es la hora de dedicación

5.1. Nosotros somos las personas indicadas para esta hora.

5.2. Necesitamos tomar la actitud de Ester: "Si perezco, que perezca" (Ester 4:16).

Conclusión

Si esperamos hasta que no haya dificultades y cuando todo se pueda hacer cómodamente, nunca se hará. No despreciemos la gracia de Dios. ¡La hora es nuestra!

Como tú me enviaste

Juan 17:18; 20:21

Introducción

¿Se terminó la misión de Jesucristo cuando ascendió al cielo? En cierto sentido, sí; pero en otro, Él encargó la misión a sus seguidores. Hizo ver que a nosotros nos corresponde la extensión y continuación de su ministerio. "Como tú me enviaste, también los he enviado." Les encargó la misión a seres humanos como nosotros.

1. Nos encomendó la misma tarea

1.1. Al mismo mundo.

1.1.1. Había necesitados.

1.1.2. Las ovejas estaban esparcidas.

1.2. Se trataba de un ministerio de redención.

1.3. Nos encargó que termináramos lo que Él principió.

1.4. Está vigente la comisión hasta que todo el mundo oiga.

1.5. Como no todos recibieron el mensaje del Señor, tampoco todos van a recibir nuestro mensaje.

1.6. No podemos perder de vista el hecho de que Dios tiene un plan para nuestra vida, para que podamos cumplir con esta tarea.

1.7 No podemos pretender fama ni popularidad a medida que llevamos a cabo la tarea; la cruz nos espera.

2. Hemos de usar las mismas armas que usó el Señor

2.1. La Palabra.

2.1.1. El Señor la empleó en medio de sus tentaciones.

2.1.2. Dios confirma su Palabra. A nosotros nos toca predicarla y creerla.

2.2. El Espíritu.

2.2.1. El Espíritu impulsó al Señor.

2.2.2. El Espíritu le dio poder al Señor.

2.2.3. El Espíritu le dio valor al Señor.

2.2.4. El gerente del Todopoderoso está con nosotros.

2.3. La oración.

2.3.1. Jesús oró.

2.3.2. Tenemos que aceptar el peso de la tarea y orar con más intensidad.

2.4. La fe.

2.4.1. Reconocía el Señor que había sido enviado por Dios.

2.4.2. Hay que tener la fe de Nehemías, Moisés y Pablo.

3. Debemos cumplir la tarea con la misma actitud del Señor

3.1. Sólo quería hacer la voluntad de su Padre.

3.2. Fue humilde.

3.3. Fue abnegado.

3.4. Dependía de su Padre.

3.5. Manifestaba un gran amor.

Conclusión

No se nos ha dado a escoger si queremos aceptar esta tarea o no. Sin consultar con nosotros el Señor nos envió. ¿Qué haremos? Que Dios nos ayude a huir de un espíritu de profesionalismo. Ahora se renueva el llamado a hacer lo que le fue comisionado a Cristo.

Ríos prometidos

Juan 7:37,38

Introducción

Imaginemos la escena. Había muchos niños y muchos ancianos. El sol abrazador atormentaba a la inmensa multitud. No se veía sino poca vida vegetal y no había alcantarillado. Se desespera el pueblo por agua. Y allí estaba el peñón, una provisión para el sediento, para el que creía.

1. Los ríos prometidos darán abundancia de agua

1.1. Son suficientes para cualquier necesidad.

1.1.1. Bendición.

1.1.2. Poder.

1.1.3. Renovación.

1.2. No hay receptáculos que estos ríos no puedan llenar.

2. Los ríos prometidos tienen potencia inmensurable

2.1. Para darnos toda la energía necesaria para cumplir con Dios.

2.2. Para llevarse toda barrera.

2.3. No se trata de una laguna, sino de fuertes corrientes.

3. Los ríos prometidos aseguran la excelencia de los sembrados

3.1. Están para proporcionar el regadío de la tierra seca.

3.2. Cristo mencionó en esta promesa que en la Escritura, o sea el Antiguo Testamento, se trata de esta promesa.

3.2.1. Ezequiel tuvo una visión de un río maravilloso que beneficiaba las naciones (Ezequiel 47:9-12).

3.2.2. Estos ríos no son sencillamente para saciar nuestra propia sed, sino para que a su vez bendigamos a otros saciándoles la sed y proporcionando sanidad.

4. Los ríos prometidos aumentan su afluencia a medida que se acercan a la desembocadura

4.1. El caudal de la vida espiritual no ha de menguar sino aumentar.

4.2. La iglesia ha de aumentar su influencia sobre la comunidad.

4.3. El creyente ha de bendecir más cada día a más de sus familiares.

Conclusión

Estando en el desierto asomémonos al Señor para creer y tomar de los ríos no sólo para saciar nuestra propia sed, sino para bendecir al mundo entero.

La grandeza de la comisión evangélica

Mateo 28:18-20

Introducción

Cristo había muerto y resucitado. En aquel momento, ¿qué deseaba hacer? Deseaba encargar a sus discípulos que llevasen a cabo la obra del evangelio. Notemos la grandeza de las promesas y la magnitud de la tarea.

1. Una autoridad completa: "Toda potestad . . . en el cielo y en la tierra" (v. 18)

1.1. Cristo lo había demostrado durante su ministerio.

1.1.1. Autoridad sobre la naturaleza.

1.1.2. Autoridad sobre la enfermedad.

1.1.3. Autoridad sobre la muerte.

1.2. Su resurrección fue la demostración irrefutable de su autoridad.

1.2.1. Venció la muerte.

1.2.2. El gobierno romano no pudo impedir su resurrección, su victoria.

1.2.3. Satanás no pudo evitar su triunfo.

1.2.4. Venció el pecado y la enfermedad.

1.2.5. El evangelio tiene derecho, está autorizado, para invadir y reemplazar toda religión.

1.2.6. Cristo ha vencido "al hombre fuerte".

2. Una extensión completa: "A todas las naciones" (v. 19)

2.1. A toda criatura (Marcos 16:15).

2.2. En todo el mundo (Mateo 24:1).

2.3. A todas partes de la tierra.

2.3.1. Tenemos que anunciarles el evangelio a nuestros vecinos.

2.3.2. Tenemos que enviar misioneros a predicar a los lugares no evangelizados.

3. Un mensaje completo: "Todas las cosas que os he mandado" (28:20)

3.1. Tenemos que presentar promesas para el que cree.

3.1.1. Salvación para el alma.

3.1.2. Sanidad para el cuerpo.

3.1.3. La llenura del Espíritu Santo.

3.1.4. La segunda venida de Cristo.

3.2. Tenemos que llevar el concepto total de lo que es el cristianismo.

3.2.1. Un cristianismo redentor.

3.2.2. Un cristianismo santo.

3.2.3. Un cristianismo potente.

3.2.4. Un cristianismo bienhechor.

3.2.5. Un cristianismo universal: para toda raza y cultura.

4. Una promesa completa: "Estoy con vosotros todos los días" (v. 20)

4.1. Estará con nosotros hasta el fin.

4.1.1. Se trata nada menos que del mismo capitán.

4.1.2. Este jefe permanece con nosotros para orientar y dirigir.

4.1.3. No sólo estará para dirigir sino para un hermoso compañerismo con cada uno de sus soldados.

4.2. No nos dejará ni un solo día.

4.3. Si él nos acompaña, ¿qué más podríamos desear?

Conclusión

La orden es "Id". Cumpliendo con este mandato podemos estar seguros de que Él cumplirá lo que le corresponde: estar con nosotros ejerciendo su gran poder todos los días.

La semilla de la cosecha universal

Mateo 13:24,36

Introducción

¿Cuándo fue la primera vez en su vida que usted escuchó la palabra "cosecha"? ¿Cierto que era muy niño? Por dondequiera se habla mucho de cosechas. Las hay de todo tipo y en la Biblia con frecuencia se menciona el vocablo "cosecha". Y no siempre se refiere al mismo acontecimiento.

Una de las cosechas que siempre ha interesado es cuando se han de reunir personas para el reino eterno de Dios. Vemos en el Apocalipsis que habrá personas de todo linaje, lengua, pueblo y nación. Es universal esta cosecha.

Para lograr esta cosecha Dios se vale de semilla para sembrar en el campo que es el mundo.

1. La semilla somos nosotros

1.1. No se trata de lograr una gran cosecha a base de métodos mecánicos, ni con tecnología, ni con ejércitos ni con la construcción de hermosos edificios para atraer a la gente.

1.1.1. La semilla lleva vida si es buena y no artificial.

1.1.2. La semilla se reproduce según su género.

1.2. La Palabra se hace carne en esta semilla (nosotros).

1.2.1. Oímos la Palabra.

1.2.2. Después de que la Palabra germina en

nosotros impartimos la misma vida en otros y así nos reproducimos.

1.3. La semilla crece en lugares difíciles.

2. La semilla es para ser sembrada

2.1. Cada creyente es responsable por reproducirse, no sólo los predicadores.

2.2. No es para ser vista.

2.3. No tiene voluntad propia.

3. La semilla es para el campo

3.1. No es para disfrutar la vida en medio de un montón de otras semillas.

3.2. Dios nos coloca en lugares de trabajo donde nos rodean inconversos.

3.2.1. Si nos coloca en un taller donde los compañeros se burlan del evangelio, eso es evidencia de que les hace mucha falta la presencia de una buena semilla.

3.2.2. Si el nuestro es un hogar inconverso, somos de gran importancia para que los demás miembros lleguen a la salvación.

3.2.3. Nos coloca en lugares nuevos donde no hay creyentes porque hace falta llevar el evangelio a los que no conocen las buenas nuevas.

3.2.4. El misionólogo, doctor Donald McGavran, ha dicho que el creyente es como un puente de Dios, otra metáfora para expresar la misma idea de que uno sirve como vía por la cual el que no conoce a Cristo puede pasar hasta tener un encuentro con Dios.

4. La semilla tiene que ser esparcida

4.1. La iglesia no es para que toda la semilla (los creyentes) vengan a ella sino más bien es un centro de donde salen los que evangelizan (la semilla).

4.2. La iglesia ha de preparar muchos obreros locales y animarlos a esparcirse para trabajar.

4.3. Si se esparcen los obreros, la iglesia llegará a ser una madre de muchas iglesias hijas.

4.4. El pastor no ha cumplido con su responsabilidad si no prepara obreros.

5. **La semilla tiene que morir**

5.1. Es el sacrificio imprescindible para poder lograr una cosecha.

5.2. Si no hay amor a la obra no habrá cosecha.

5.3. La semilla no tiene el derecho de elegir el lugar donde será enterrada.

5.4. Cuando el creyente se niega a morir, se detiene la cosecha.

5.5. Se requiere una consagración total.

Conclusión

Pongámonos en las manos del gran Sembrador. Que Él disponga de nosotros como bien le parezca.

La evangelización total

Mateo 24:14; 28:19,20; Hechos 1:8

Introducción

Cuando se ganaba una victoria en una guerra, los griegos de la antigüedad enviaban a una persona para dar las buenas nuevas al pueblo. Se le decía *euangelion* al portador del mensaje. Este sustantivo deriva de dos conceptos: 1) bien y 2) mensajero, que en el griego es la palabra *angelos*. Con el tiempo se llegaba a utilizar la misma palabra para expresar el concepto de un mensaje. Así es que cada vez que se halla la palabra "evangelio" en el Nuevo Testamento, la definición es "buenas nuevas". El plan para difundir estas buenas nuevas está bien definido. ¿Cuál es?

1. **La orden de evangelizar**

1.1. Hay que tener la visión de que la evangelización total se ha de lograr en nuestra generación.

1.2. Hay que tomar en serio la Gran Comisión.

1.3. La tarea es grande, pero no es imposible.

1.4. Los que esperaban la promesa del Padre parecen no haber pensado en serio en el cumplimiento de la orden de evangelizar el mundo porque permanecieron en los contornos de Jerusalén.

1.5. La iglesia primitiva en algunos casos parece no haber tomado a pecho la orden de evangelizar.

1.6. La orden de evangelizar no es para otros, es nuestra tarea cumplirla.

2. La división de la tarea de evangelizar

2.1. Para uno solo es imposible llevar a cabo toda la tarea, pero para muchos sí es posible.

2.1.1. Urge enseñar a los pastores cómo hacerlo.

2.1.2. Ilustración de la planta de fresa.

Esta planta se propaga por medio de dos formas: semilla y guías. Así es con la evangelización. Los creyentes pueden establecerse en un lugar donde no hay otros y por sus esfuerzos formar un núcleo. Esto sería sembrar semilla en un campo nuevo. Pero también una iglesia establecida puede enviar uno o más de sus miembros para establecer un punto de predicación, manteniendo siempre nexos con la iglesia de la cual proceden. Esa forma corresponde a la guía de una planta de fresa que no se separa de las raíces originales. Claro que dentro de poco la guía echa raíces en el nuevo lugar y así va estableciendo otra planta con capacidad de funcionar aparte de la planta original.

2.2. La responsabilidad recae primero sobre la iglesia.

2.2.1. La iglesia tiene que aceptar que existe no solamente para preocuparse por su propio bienestar.

2.2.2. Está para cerciorarse de que se lleven las buenas nuevas a todos los contornos.

2.3. "¿Qué tienes en tu mano?" es una pregunta que cada iglesia y cada creyente debe hacerse.

2.3.1. Es muy fácil dejar la orden de la Gran Comisión para los que tienen más recursos.

2.3.2. Dios no está limitado.

2.3.3. Dios espera que nos valgamos de lo poco o de lo mucho que tengamos en la mano.

2.3.4. Cristo no incluyó en la Gran Comisión una

cláusula aludiendo a la posibilidad de una exención de responsabilidad para los de pocos recursos.

2.4. Dios pide de cada uno fidelidad y responsabilidad sobre todas las cosas.

2.4.1. Cada creyente ha de ser fiel y responsable en el apoyo de su iglesia local.

2.4.2. En las campañas o en una convención algunos parecen ser maravillosos por su entusiasmo al cantar; pero a la hora de la verdad, no llevan responsabilidad en su iglesia local.

2.5. Es cuestión de trabajar.

2.5.1. El pastor ha de cerciorarse de que cada creyente esté trabajando en la evangelización.

2.5.2. El egoísmo no es parte de la Gran Comisión.

2.5.3. Hay que designar lugares donde trabajar.

2.5.4. Hay que organizar a los hermanos en grupos, cada uno con su obrero local.

2.5.5. Se han de establecer escuelas dominicales en los barrios, en los parques.

2.5.6. Hay que llevar a cabo visitación de casa en casa.

2.6. Es cuestión de sostenimiento.

2.6.1. Es increíble lo que se puede financiar cuando cada uno contribuye con algo.

2.6.2. La teología de las ofrendas es parte de la enseñanza del Nuevo Testamento.

3. El enfoque sobre las regiones no evangelizadas

3.1. Hace falta dar enseñanza al respecto.

3.2. Se debe nombrar una comisión general que se encargue de mantener en todo tiempo este enfoque en la iglesia.

3.2.1. Se pueden escoger puntos de invasión.

3.2.2. Debe poner a la expectativa a toda la iglesia.

3.3. Se puede nombrar una subcomisión para pensar en cada región donde no ha sido predicado el evangelio.

3.3.1. Preparar un plan sistemático de oración por esas regiones.

3.3.2. Informar sobre las necesidades espirituales y materiales de los habitantes del lugar escogido.

3.3.3. Dar enseñanza sobre maneras de evangelizar en forma personal.

3.3.4. Comenzar el "ataque".

Conclusión

Hay muchas señales de que estamos en los últimos tiempos. A escala mundial la gente siente presiones políticas, sociales y económicas. A diario se oye de catástrofes en alguna parte del mundo. La gente no sabe en qué va a parar todo esto. Aprovechemos esta hora para cumplir la orden de evangelizar todo el mundo.

El reto de la hora actual

1 Corintios 16:9

Introducción

"Era el mejor de los tiempos, era el peor de los tiempos . . ." Con estas palabras comienza su conocida obra literaria "Novela de dos ciudades" el célebre escritor inglés, Carlos Dickens. Pablo también sentía la ambivalencia de su propio momento cuando escribió: "Se me ha abierto puerta grande y eficaz, y muchos son los adversarios."

1. Una puerta abierta en esta hora

1.1. La puerta abierta a regiones no evangelizadas todavía.

1.2. En la actualidad se presentan oportunidades a todos los ministros.

1.3. ¿Hasta dónde alcanza nuestra visión?

1.3.1. ¿Vemos una iglesia de diez, doscientos o quinientos miembros?

1.3.2. ¿Nos damos cuenta de que el campo es nuestro?

2. Se acaba la hora

2.1. Es que la noche viene.

2.2. Se cierra la puerta que estaba abierta.

2.3. El panorama mundial es espantoso.

2.3.1. Surgen nuevas guerras continuamente.

2.3.2. Estallan bombas de terrorismo.

2.3.3. Israel tiene problemas con los palestinos y demás árabes.

2.3.4. El romanismo renueva sus presiones.

3. Muchos adversarios

3.1. Por dondequiera se nota una indiferencia de parte de muchos.

3.2. Muchos manifiestan una amargura contra el evangelio.

3.3. Se nota un despertamiento del satanismo.

3.4. Va en aumento la pobreza a pesar de nuevos planes de los gobiernos para adelantar la economía del país.

4. Grandes y muchas posibilidades

4.1. En Dios.

4.1.1. No en el dinero que al fin y al cabo no gana victorias espirituales.

4.1.2. No seamos culpables de limitar lo que Dios puede hacer.

4.1.3. El Señor sigue contestando la oración de su pueblo.

4.1.4. Los avivamientos en muchos lugares, en varios continentes, pasan de todo lo que uno se pudiera haber imaginado.

4.2. En nosotros.

4.2.1. Dios ha sabido valerse de un Sansón, de un Gedeón.

4.2.2. La historia de los jueces muestra que Dios

puede usar a un individuo para librar a toda una nación.

4.2.3. Debemos predicar con el corazón inflamado, no por oficio.

4.3. En la iglesia.

4.3.1. Cuando todos trabajan en la iglesia se hacen cosas grandes.

4.3.2. En Corea, a principios del siglo veinte, a pesar de la ocupación de los japoneses, las iglesias más humildes lograron increíbles influencias en la sociedad y llenaron a los ciudadanos de un nuevo sentir de esperanza.

4.3.3. Con cada miembro de la iglesia lleno del Espíritu Santo va a haber resultados visibles.

Conclusión

Un solo hombre puede cambiar el curso de la historia. Un miembro puede cambiar una iglesia local. El sacrificio de una persona humilde puede conmover a los imponentes. Que Dios cumpla su propósito en nosotros. ¡Preparémonos para esta hora!

Mensajes evangelísticos

Dios está en busca de alm[illegible]

Juan 4:23,24

Introducción

Si yo fuera un empresario, ¿qué clase de persor[illegible]aría para dar una buena imagen a mi negocio? Al ta[illegible]ecería un contrato de trabajo, pero sería con el fin [illegible]lantar mi empresa, y no con miras de suplir todo lo que ne[illegible]esitara esa persona.

Dios busca a personas, pero con otra finalidad: satisfacer las más urgentes necesidades de esas personas.

1. La búsqueda de Dios

1.1. El costo de esta búsqueda es alto.

1.1.1. Dice el texto que al Señor "le era necesario pasar por Samaria" (Juan 4:4). Los judíos por costumbre tomaban otra ruta, pero Cristo rompió con esa tradición porque buscaba un alma.

1.1.2. Cristo tomó el camino más fatigoso e inconveniente buscándonos: el Getsemaní y el Calvario.

1.2. La mujer a quien buscaba el Señor.

1.2.1. Para un concurso de belleza se busca la candidata de mucha hermosura o la que tiene amigos dispuestos a ofrecer más dinero.

1.2.2. La samaritana no reunía características favorables para adelantar la fama, o para enriquecer la empresa de un judío ni para extender su religión.

1.2.2.1. Era mujer.

1.2.2.2. Era samaritana; pertenecía a un grupo étnico muy odiado y menospreciado por los judíos.

1.2.2.3. Era de mal vivir.

1.2.2.4. Dios no mira a las personas a través de los ojos de un judío ni a través de los nuestros.

2. La oferta de Dios

2.1. Le abrió la sed cuando dijo: "Si tú conocieses lo que te quiere regalar Dios y quien soy yo . . ."

2.2. La reacción de la mujer ante la oferta.

2.2.1. "Señor, dame de esta agua."

2.2.2. Sabía que tenía sed de algo diferente, pero no se daba cuenta de qué era la sed.

2.2.3. Ya llevaba muchos años en un mundo lleno de problemas, en un desierto sin satisfacción espiritual.

3. El obstáculo que impide la realización de la búsqueda

3.1. La mujer estaba en pecado.

3.2. El Señor le provocó un reconocimiento de su situación cuando dijo: "Ve, llama a tu marido."

3.3. Cristo no puede saciar el alma sin quitar los obstáculos que en este caso consistía de una vida inmoral.

3.4. Es imprescindible llegar al fondo del problema.

4. Las cavilaciones de la mujer en aceptar la oferta

4.1. La mujer deseaba discutir más bien que arrepentirse.

4.2. Cristo señaló que no es el lugar lo que tiene importancia.

4.3. No proporcionaban solución los sacerdotes de Samaria ni los de Jerusalén.

5. La búsqueda de Dios continúa hoy

5.1. Es fácil olvidar que no se trata de algo material.

5.2. El ser humano es lento para comprender que Dios es Espíritu.

5.2. Aunque no esté consciente de ello el hombre tiene sed de llegar al verdadero manantial de toda vida.

5.3. Cristo es la Fuente de la vida anhelada.

6. El resultado de la búsqueda: la satisfacción de ambas partes

6.1. La mujer dejó su cántaro.

6.2. Dios quedó satisfecho.

6.3. Cristo ya no quería comer de los alimentos que le ofrecían sus discípulos porque su comida consistía en hacer la voluntad del que lo había enviado.

Conclusión

No hay rincón oscuro ni población retirada en la cual Dios no se interese. Los discípulos no discernían la necesidad de la samaritana. Tenían sus planes para comer.

Como Cristo buscó a la samaritana, nos busca a nosotros. Responda a esa búsqueda. Busque ahora al Señor.

El triste estado de una iglesia deficiente

Apocalipsis 3:14-22

Introducción

Una iglesia estaba en peligro. Llegó el momento en que dejó de ser una verdadera iglesia de Cristo. Y pensar que ignoraba su situación. ¡Qué triste!

1. Le faltaba dinero

1.1. No tenía el oro refinado de una fe verdadera (1 Pedro 1:7).

1.2. Se creía rica pero estaba engañada.

1.3. Debía haber tenido mejores riquezas que el oro.

1.3.1. Estaba en una ciudad próspera con edificios y tesoros: Laodicea.

1.3.2. Le rodeaban riquezas culturales como la ciencia, el arte, la música y la filosofía.

1.3.3. Se contentaba con aparentes señales de una fe en Dios: bautismos, buenas obras, muchas actividades.

1.4. No se daba cuenta de su miseria: no había alcanzado la verdadera fe ni había nacido de Dios.

1.5. Lo interesante es que estaba dentro de sus posibilidades alcanzar el capital que tanto necesitaba.

1.5.1. El que quiere puede comprar oro puro (refinado).

1.5.2. Nadie va a tirar a la basura esa clase de oro.

Ejemplo: Una señora que en su apuro de limpiar acostumbra tirar a la basura documentos y objetos, jamás tiraría un collar de oro.

1.5.3. Esa clase de oro resiste las pruebas.

2. Le faltaba ropa buena

2.1. No tenía las vestiduras blancas de la santificación.

2.2. Se creía bien vestida cuando más bien estaba desnuda.

2.3. Las obras de la carne son trapos inmundos.

2.3.1. Orgullo.

2.3.2. Envidia.

2.3.3. Celos.

2.4. ¿Actuamos como seguidores de Cristo?

2.4.1. ¿Nos vestimos de la justicia?

2.4.2. ¿Nos vestimos de la humildad?

2.4.3. ¿Nos vestimos del amor?

2.5. Sin la santidad nadie verá al Señor.

3. Le faltaban gotas para los ojos

3.1. No tenía el colirio para ver bien.

3.2. Era como un ciego que no ve lo de más importancia.

3.3. ¿Qué es lo que vemos y no vemos?

3.3.1. Nuestro propio estado.

3.3.2. La obra de Dios como Él la ve.

3.3.3. A los hermanos con amor.

3.3.4. Las almas sin esperanza.

3.3.5. A Cristo.

4. El remedio para las deficiencias

4.1. La operación del Espíritu Santo.

4.2. Comprar el oro al Señor.

4.3. Responder al Señor quien toca a la puerta.
   4.3.1. No se trata de un ratero tocando.
   4.3.2. No hay nada más triste que pensar que el Todopoderoso esté fuera en la calle.
   4.3.3. Cristo llama a la puerta pero desde adentro se tiene que contestar.

Conclusión

Oigamos, abramos la puerta, respondamos a Cristo. Él cenará con nosotros. Experimentaremos una satisfacción completa.

Estamos en una de dos categorías

Mateo 24 y 25

Introducción

Durante varios meses Fulvio García esperó un telegrama. Se inquietaba por ver si se le iba a otorgar una beca para estudiar en el extranjero. Pero un aviso aun más solemne esperamos todos: ser aprobados o ser rechazados.

1. Las ovejas y los cabritos (25:34-40)

1.1. El criterio para clasificar es el amor.
1.2. Las ovejas: "Me atendiste."
   1.2.1. Aman tanto que dejan a un lado sus quehaceres para ayudar a un desdichado.
   1.2.2. Hallan el tiempo para prestar una mano.
   1.2.3. No le dan rienda suelta a sus propios gustos.
1.3. Los cabritos: "No me atendiste."
   1.3.1. Están demasiado atareados para ayudar.
   1.3.2. No hallan tiempo para prestar una mano.
   1.3.3. Le dan rienda suelta a sus propios gustos.

2. Los activos y los perezosos (25:14-30)

2.1. El criterio para clasificar es la actividad y la diligencia.

2.2. Los activos.

2.2.1. Salen a buscar la manera de invertir su talento.

2.2.2. No presentan su renuncia cuando las cosas no marchan bien.

2.2.3. Persisten.

2.2.4. Se niegan a desanimarse.

2.3. Los perezosos.

2.3.1. Se sientan a esperar que llegue alguien para indicarles cómo hacer una inversión.

2.3.2. Creen que el mundo tiene la obligación de ayudarlos.

2.3.3. Renuncian cuando no les va bien.

2.3.4. No le dan importancia al hecho de tener las manos vacías.

3. Los que brillan y los apagados (25:1-3)

3.1. El criterio es tener una experiencia vital con Dios.

3.2. Los que brillan.

3.2.1. No ocultan el testimonio; el mundo ve esa luz.

3.2.2. Mantienen una relación continua con el Espíritu Santo; el mundo no ve eso.

3.2.3. Buscan al Señor continuamente. Es algo interior y el mundo no se da cuenta de ello.

3.3. Los apagados.

3.3.1. El mundo no se da cuenta ni de su testimonio.

3.3.2. Pasan muchos días sin mantener una comunión con el Señor.

4. Los fieles y los descuidados (24:43-50)

4.1. El criterio es la fidelidad.

4.2. Los fieles.

4.2.1. Dan alimentos.

4.2.2. Esperan el regreso del Señor.

4.3. Los descuidados.

4.3.1. No se preocupan en servir a los demás.

4.3.2. Se deleitan en sus propios placeres mundanales.

4.3.3. Pierden la esperanza del regreso del Señor.

5. Los de adentro y los de afuera del arca (24:37)

5.1. El criterio es la obediencia y la fe.

5.2. Los de adentro.

5.2.1. No ponían reparo en el hecho de que el barco (arca) estaba sobre la tierra.

5.2.2. No daban importancia al hecho de ser diferentes a los demás.

5.3. Los de afuera.

5.3.1. Les parecía extraño tener que dar importancia a un barco en tierra seca.

5.3.2. No querían ser diferentes a los demás.

Conclusión

En cada clasificación quedan sólo dos opciones. Uno mismo decide por una de las opciones, pero no puede evadir la decisión. No se puede tomar la decisión de no tomar una decisión. ¿En qué categoría caemos nosotros? No perdamos nuestra herencia en Cristo.

Si alguno tiene sed

Juan 7:37

Introducción

¿Da alegría tener sed? Al contrario, lo que da es un afán de saciarla cuanto antes. Todos sabemos lo que es tener sed y luego tener la satisfacción de tomar el agua anhelada. Pero una clase de sed que llega a ser problemática es la que no queda satisfecha cuando se toma agua. Se trata de una sed cuando al cuerpo le falta otra cosa que no sea agua, como por ejemplo la deficiencia de algún mineral.

1. La falta de agua

1.1. Casos en que queda obvia la deficiencia de agua.

1.1.1. Extensiones de tierra desértica porque no le llega agua alguna.

1.1.2. Hay sequedad figurada, pero muy real, cuando en una región se siente una necesidad económica de elevada proporción.

1.1.3. Cuando hemos pecado y anhelamos el agua de la gracia del perdón.

1.1.4. Cuando estamos enfermos y anhelamos el agua de la sanidad divina.

1.1.5. Cuando el ministro anhela un toque especial de Dios para un mensaje.

1.1.6. El anhelo de quedar librado de los vicios que poco a poco carcomen la salud.

1.2. Casos en que no reconocemos la deficiencia de agua en el sentido figurado.

1.2.1. Pleitos en el hogar.

1.2.2. En el negocio, cuando parecía haber buena perspectiva de ventas, pero que no llegan a efectuarse.

1.2.3. El enojo.

1.2.4. Pasiones no dominadas.

1.2.5. Tensiones en las relaciones con otros.

1.2.6. Temores.

1.3. La falta de agua provoca angustia.

2. El agua se tiene que tomar

2.1. Cristo es el manantial.

2.2. La invitación es que vayamos al Señor.

2.3. Después de ir al Señor, hay que tomar el agua.

2.4. Se toma el agua creyendo.

2.5. Tomar continuamente se trata de una actitud de continua meditación y fe en el Señor.

3. Los ríos de agua viva

3.1. No vamos a poder salir a bendecir, a dar a otros, sin primero haber recibido nosotros mismos.

3.2. Cualquier sed, reconocida o no reconocida, se refresca con los ríos que el Señor quiere darnos.

3.3.1. El vocablo "ríos" está en plural para poner aun más énfasis en lo que podemos recibir del Señor.

3.3.2. Son abundantes los ríos que podemos recibir para bendecir a otros.

3.3.3. Estos ríos vienen después de creer en el Señor.

3.4. Puedo confirmar de mi propia experiencia que cuando he acudido al Señor y he confiado en Él, los desiertos se han convertido en huertos.

Conclusión

Acuda al Señor ahora para que la sed se cambie en ríos de agua de vida hasta saciarse y para que sea conducto de esas bendiciones a otros. ¡Creer es tomar!

El rey de luz y sus súbditos

Lucas 14:25-33; Colosenses 1:12,13

Introducción

Por lo general un país tiene un solo gobierno con una persona al frente. Pero no es así en el caso del universo. Están en pugna dos diferentes gobiernos, cada uno con su jefe. ¿Cuáles son? El reino de las tinieblas y el pecado con su jefe Satanás. El otro es el reino de la luz y la justicia con su jefe Cristo Jesús. Puesto que a cada uno nos toca elegir entre los dos, y que cada uno sufrirá las consecuencias de su elección, nos urge conocer bien la realidad de la situación.

1. El cambio de afiliación

1.1. Pasamos del reino de las tinieblas al reino de la luz al nacer de nuevo.

1.2. Se logra por medio de la cruz.

1.3. Morimos al viejo reino.

1.4. El bautismo en agua es el rito que simboliza el cambio y hace ver al mundo lo que ha pasado espiritualmente.

2. La política del rey de la luz es diferente

2.1. No consiste en añadir un punto más a los valores que hemos mantenido de la vida antigua.

2.2. Uno tiene que darse cuenta del cambio de valores de este reino, que resulta en un cambio del súbdito.

2.3. Hay que aceptar a Cristo, el jefe, como Salvador y Rey.

2.3.1. Hay que reconocerlo como Soberano, es decir, que ejerce la autoridad suprema.

2.3.2. Hay que reconocerlo como el *kurios*, vocablo griego que se traduce "señor" pero que en realidad significa "amo" o "dueño".

2.3.3. Los primeros cristianos morían antes que confesar al César como el *kurios*. La costumbre de los romanos era ponerle el título de *kurios* al César, diciendo así que harían todo lo que quisiera el César y que a él le pertenecían como esclavos.

2.3.4. Nosotros pertenecemos al Señor Jesús, no a nosotros mismos (Romanos 14:8,9).

2.3.5. Hay que buscar primeramente los valores del reino de la luz (Mateo 6:33).

2.3.5.1. Todos los días debemos preguntarnos si buscamos los valores de este reino y no los de nuestro yo.

2.3.5.2. Esta actitud tiene que gobernar todo lo que pensamos y hacemos.

3. Las exigencias del rey de la luz

3.1. No hemos explicado al mundo ni a la iglesia las demandas de este rey.

3.1.1. Hacemos una invitación de aceptar a Cristo como si le estuviéramos haciendo un favor.

3.1.2. Cuando se anima a una persona a seguir a Cristo, hay que explicarle los requisitos.

3.1.3. La falta de presentar con claridad las demandas resulta en convertidos débiles porque no se dan cuenta de la necesidad de sacar al "yo" del trono de su corazón.

3.2. Motivos insuficientes que muchos tienen para buscar al Señor.

3.2.1. El gusto de estar con las multitudes.

3.2.2. La necesidad de sanidad divina.

3.2.3. Lo interesante y sensacional de comer de los panes multiplicados milagrosamente.

3.2.4. El deseo juvenil de rebelarse contra la sociedad.

3.2.5. La oportunidad para un político de ganar fuerza a través de los evangélicos.

3.3. Cristo demanda una lealtad absoluta.

3.3.1. Rechaza a los que lo siguen con motivos egoístas, con motivos impuros.

3.3.2. Tenemos que ponerlo antes que la familia.

3.3.3. Tenemos que ponerlo antes que las posesiones.

Ejemplo: El caso del joven rico (Lucas 14:33).

3.3.4. Tenemos que ponerlo antes que la propia vida.

3.4. Cristo demanda una obediencia absoluta (Mateo 18:8,9).

3.5. Cristo demanda lealtad porque "edifica una torre (la iglesia)" la cual no puede de ninguna manera quedar con debilidad estructural.

3.6. Cristo tiene que insistir en una lealtad absoluta porque va a la guerra contra un enemigo poderoso.

4. La única respuesta aceptable de un verdadero súbdito

4.1. Se rinde totalmente a su rey.

4.2. Cristo es Señor/Dueño, y todo lo demás queda en un nivel secundario.

4.3. Cristo es coronado rey y el yo es quitado del trono.

4.4. Su vida adquiere otro significado

4.4.1. Ya no se vive sólo para comer, trabajar y dormir.

4.4.2. El anhelo mayor es de agradar al Señor.

4.4.3. Uno sabe que es el representante del Rey ante el mundo.

4.4.4. Uno se da cuenta de que ahora es miembro del cuerpo de Cristo.

4.4.5. Uno vive para el Señor en el negocio.

4.4.6. Uno vive para el Señor en la escuela.

4.4.7. Uno vive para el Señor en el hogar.

4.5. El súbdito ama.

4.5.1. No sólo para corresponder a los que lo aman.

4.5.2. Ama con todo el ser: corazón, alma, fuerzas y mente.

4.5.3. Se trata de un amor por encima de los meros sentimientos.

Conclusión

Demos un salto de fe. Aunque en este momento no reunamos todas las características buenas que debemos, hagamos un voto de dedicación y reconocimiento del señorío de nuestro Salvador. Hágalo usted. Hágalo con su cónyuge. Lo quiero hacer yo.

¿Cómo podemos hallar a Dios?

Job 23:3

Introducción

¡Cómo sufre un padre cuando perece su hijo en un accidente! Pero, ¿qué sufrimiento tendría si hubiera perdido a todos sus hijos en el accidente? ¿Y qué angustia la suya si en los mismos días en medio de un ciclón perdiera su negocio y su casa? Así fue el problema de Job. Pero nos falta mencionar otro factor de su problema. Todo lo mencionado le había sucedido, pero luego él mismo se enfermó. No puedo imaginarme que un mortal pudiera tener más sufrimientos que los que soportó Job. Y para colmo su esposa y sus amigos no lo apoyaron sino que lo desanimaron más. No nos debe de extrañar, pues, que llegara este hombre a exclamar: "¡Quién me diera el saber dónde hallar a Dios! El hombre por instinto natural busca a Dios en horas de aflicción. Dijo un hombre conocido: "Son pocos los ateos ante la amenaza de la muerte."

1. ¿Por qué existe el problema?

1.1. No existió en el Edén.

1.2. El pecado lo introdujo (Isaías 59:1,2).

2. El hombre procura resolver el problema

2.1. Este esfuerzo del hombre hace que surjan las religiones.

2.2. Lugares de la búsqueda.

2.2.1. Sitios que se les dice "sagrados".

2.2.2. Templos.

2.2.3. Tumbas.

2.3. Cosas de que se vale el hombre en su búsqueda.

2.3.1. Reliquias.

2.3.2. Indulgencias.

2.3.3. Espíritus de los antepasados.

2.4. Ritualismos con que el hombre hace su búsqueda de Dios.

2.4.1. Ritos.

2.4.2. Penitencias.

2.4.3. Misas.

2.4.4. Confesiones.

2.4.5. Meditaciones.

3. Dios proporciona la solución al problema

3.1. Nos busca en la persona de su Hijo (Lucas 19:10).

3.2. Cristo se declaró el camino a Dios (Juan 14:6).

3.3. Dios hace ver que se trata de una persona y no de un método.

3.4. Cristo abrió el paso a Dios (Hebreos 10:19,20).

4. El gran encuentro

4.1. Dios vino a nosotros en Belén.

4.2. Nos allegamos a Dios en el Calvario.

4.3. Se efectúa el encuentro en el corazón del que busca.

Conclusión

No tenemos ninguna necesidad de dudar de la manera de encontrar a Dios. El Señor desea más que nosotros que lo hallemos. La Palabra divina es profunda, pero en lo que tiene que ver con hallar a Dios, no nos deja con incertidumbre. En este mismo instante usted puede hallar a Dios si lo desea.

Fundación de iglesias

Elementos imprescindibles de una iglesia apostólica

Hechos 1 y 2; 4 – 15.

Introducción

¿Qué clase de iglesia quisiéramos tener? ¿A cuántos les gustaría formar parte de una iglesia apostólica? Se ve en el Nuevo Testamento que la iglesia apostólica estaba bien desarrollada. Se propagaba, se gobernaba y se sostenía. El modelo revela dos elementos imprescindibles que son como el combustible y la bujía de un motor.

1. El elemento dinámico (Hechos 1 y 2)

1.1. Se logra por medio de la oración (Hechos 1).

1.1.1. Proporciona acceso a Dios.

1.1.2. Conduce a resolver los problemas, y por lo tanto, ¿para qué desanimarse o renunciar?

1.1.3. Capacita para enfrentar la oposición.

1.1.4. Da nueva visión.

1.2. Se logra por medio de la investidura del Espíritu Santo (Hechos 2).

1.2.1. Así Dios mora en su iglesia.

1.2.2. Se generan inspiración, entusiasmo, valor.

1.2.3. Los creyentes reciben ministerios.

1.2.4. Se realizan prodigios.

1.2.5. La obra del Espíritu redunda para el beneficio de la iglesia, nunca para llamar la atención a una persona.

2. El elemento mecánico (Hechos 4 — 15)

2.1. Un componente es el sacrificio

2.1.1. Llevar la cruz. (No está de moda hoy.)

2.1.2. Liberalidad (4:32-37).

2.1.3. Azotes (5:40).

2.1.4. Martirio (7:59,60; 12:2). El martirio de Esteban dio impulso a los creyentes.

2.1.5. Amor a la obra.

2.2. Otro componente es la doctrina (2:42).

2.2.1. No basta con sólo cantos y alabanzas para establecer una iglesia firme (5:42).

2.2.2. La doctrina tiene que estar bien fundada en las Escrituras.

2.2.3. No basada sobre una personalidad (15:4-6).

Conclusión

En un motor se tiene que proveer una estructura para canalizar la energía generada por el combustible encendido. Sin pistones no camina la máquina, por mucha energía que se haya producido. Y a las ruedas hay que mantenerlas en su lugar. Si se sueltan, se disipa toda la fuerza. Busquemos en Dios la ayuda para tener el poder y la estructura necesarias.

Cuatro requisitos para la iglesia neotestamentaria

Hechos 1

Introducción

¿De qué manera apareció la iglesia en la historia? ¿Fue por casualidad o por magia? Veamos algunos pasos que el grupo de creyentes en Cristo siguió en el proceso de transición de discípulos a fundadores de la iglesia.

1. Conocer al Cristo resucitado (v. 3)

1.1. La iglesia estaba fundada en el hecho indubitable de la resurrección.

1.2. La resurrección es evidencia de que el cristianismo es incomparable con cualquier otra religión.

1.3. La resurrección era la esperanza de los discípulos.

1.4. Si Cristo vive, ¿cómo ha de ser nuestra actitud, nuestra visión, nuestra fe?

2. Recibir el bautismo del Espíritu Santo (vv. 4,5,8)

2.1. La iglesia no es institución netamente humana.

2.2. La gran necesidad que tiene la iglesia hoy es el bautismo del Espíritu Santo.

3. Reconocer el propósito de su existencia (v. 8)

3.1. Ser testigos, ya que el evangelio no era sólo para ellos, sino para toda la tierra.

3.2. Ser la sal de la tierra.

3.3. Ser luz en la presente oscuridad.

4. Buscar a Dios (v. 14)

4.1. La importancia de la oración.

4.2. Los milagros de los siguientes capítulos de Hechos resultaron después de muchos días de oración.

4.3. A fin de que se alcancen los propósitos divinos para la iglesia.

4.4. Se puede juzgar la salud espiritual de una iglesia midiendo el énfasis que en ella se pone sobre la oración y el porcentaje de los creyentes que se dedican a la oración con ahínco y frecuencia.

Ejemplo: Los hermanos coreanos tienen la costumbre de orar mucho. Se han establecido campamentos como "La montaña de la oración" que están dedicados exclusivamente para la oración. Todos los días por la madrugada se encuentran muchos creyentes en los templos buscando a Dios en oración. A ello seguramente se debe en gran parte el crecimiento fenomenal de la obra en Corea.

Conclusión

Nadie podrá decir que le es imposible cumplir con cualquiera de estos requisitos. Que Dios nos ayude a levantar una iglesia como la del Nuevo Testamento.

Extensión y fundamento de la iglesia

Isaías 54:2

Introducción

Mucho fascina ver cómo la iglesia se ha extendida y ha perdurado a través de los siglos frente a grandes adversarios y problemas. No es por casualidad. Dios ha trazado la pauta para que siga adelante la iglesia. ¿Cuáles son dos aspectos de importancia por los cuales el pastor tiene que velar para que se extienda la iglesia y para que permanezca?

1. Ensanchar

1.1. Ver: no se hará nada a menos que haya visión.

1.1.1. Preguntemos a diferentes personas qué les parece el terreno en el cual trabajan.

1.1.1.1. "Para nada sirve; es sólo monte", dirá el ciego.

1.1.1.2. "Sirve para lograr una cosecha", dirá el que tiene la vista de un agricultor.

1.1.1.3. "Es bueno para levantar un hermoso edificio", dirá el arquitecto.

1.1.1.4. "Podrá ser una mina de mucha riqueza", dirá el geólogo.

1.1.1.5. "Allí se puede lograr una buena grey", dirá el verdadero pastor.

1.2. Examinar.

1.2.1. La importancia de reconocer los puntos fuertes y los débiles.

1.2.1.1. El ingeniero agrónomo señala la importancia de hacer un análisis de la tierra para saber cuáles deficiencias hay que suplir.

1.2.1.2. Nehemías salió de noche para precisar la situación (Nehemías 2:12).

1.2.2. La importancia de la estadística.

1.2.2.1. Para conservar los resultados hay que saber cuántos hicieron decisiones de fe, cuántos fueron bautizados en agua, cuántos fueron bautizados en el Espíritu Santo.

1.2.2.2. Se debe guardar la estadística de la Escuela Dominical.

1.2.2.3. Se debe guardar la estadística de los cultos evangelísticos.

1.2.2.4. Hay que insistir que se mantengan las estadísticas de las sociedades de jóvenes, de mujeres y de caballeros.

1.2.2.5. Hay que guardar un registro del trabajo de los anexos. ¿Cuántos obreros se preparan cada año?

1.2.2.6. Precisa mantener los informes financieros, guardar el registro del sostenimiento del pastor.

1.3. Llegar a conclusiones.

1.3.1. Buscar la dirección divina.

1.3.2. Establecer las causas de las deficiencias.

1.3.3. Hacer una lista de posibles remedios.

1.3.4. No caer en la tentación perenne de pensar que la solución es conseguir dinero.

1.3.5. No caer en la tentación de pensar que habrá que buscar que personas de afuera o los ejecutivos den la solución, sino preguntarse qué puede hacer la congregación misma.

1.4. Planear.

1.4.1. Se debe hacer no sólo a nivel local sino también a nivel nacional.

1.4.2. Algunos pastores no se sentirán muy cómodos en la planificación ya que no acostumbran pensar más allá del próximo sermón.

1.4.3. Pedir que el Espíritu Santo dirija en la consideración de las opciones posibles.

1.4.4. Elaborar un plan de un año y un plan de cinco años.

1.4.4.1. ¿Cómo y dónde abrir anexos?

1.4.4.2. ¿Cómo y cuándo celebrar campañas especiales?

- de visitas casa por casa
- de escuelas dominicales filiales
- de oración
- para niños
- para la juventud

1.4.4.3. Mejoras del mobiliario y los bienes inmuebles.

- salones para la escuela dominical
- bancas
- mejoras del local
- mejoras de la casa pastoral

1.4.5. ¿Cómo se podrá abrir una obra nueva como proyecto regional o nacional?

1.4.6. ¿Cuáles cursos breves (seminarios a nivel local o regional) se han de llevar a cabo?

1.4.7. No hay que tener miedo de hacer algo diferente.

1.4.8. Hay que decidirse a no quedar atrás y enfrentar los nuevos retos.

1.4.8.1. Tener presente que el Señor tendrá que guiar.

1.4.8.2. Ejemplos de personas que tuvieron que enfrentar nuevas situaciones e intentar algo diferente: Pedro, Pablo, Bernabé y la reina Ester.

1.4.9. Identificarse con lo que dijo Mardoqueo: "Para esta hora has llegado . . ."

1.5. Trabajar.

1.5.1. No vale la pena planear si no se ejecuta.

1.5.2. Contar con el personal de la misma iglesia.

1.5.3. Se podrá hacer más de lo que se había creído posible.

1.5.4. Salir de la rutina abriendo otras iglesias.

1.5.5. Una responsabilidad del pastor es poner a trabajar a los hermanos.

1.5.6. Hay que despertarse como lo hicieron los discípulos después de la muerte de Esteban.

1.5.7 No postergar.

1.5.8 No cesar hasta no haber terminado todo lo que se había planificado.

2. Reforzar

2.1. Cuanto más se extienden las cortinas, es más necesario alargar las cuerdas y reforzar las estacas.

2.2. Enseñar.

2.2.1. Es la responsabilidad del pastor ver que este ministerio se lleve a cabo.

2.2.2. A los nuevos convertidos.

2.2.2.1. Si no reciben enseñanza apropiada muchos se pierden. (Úsese el Manual de Reglamentos.)

2.2.2.2. Hay que darles otros estudios elementales.

2.2.3. A los obreros poco capacitados.

2.2.4. A toda la iglesia.

2.2.5. Los mismos pastores deben enseñar.

2.2.5.1. Con estudios bíblicos.

2.2.5.2. Con mensajes expositivos.

2.2.5.3. La enseñanza es un buen alimento espiritual.

2.3. Organizar y coordinar.

2.3.1. Cuanto más grande la obra, hay más necesidad de organización.

2.3.2. A nivel local.

2.3.2.1. A este nivel comienza la organización (Hechos 6).

2.3.2.2. El pastor con el cuerpo oficial local.

- Hay que establecer buenas relaciones humanas.
- Hay que establecer buenas reglas de procedimiento.

2.3.2.3. Ejercer la disciplina pero no como castigo.

2.3.2.4. Estructurar el sostenimiento para que sea sistemático.

2.3.3. A nivel nacional.

2.3.3.1. Proporcionar una base de cooperación, que en sí es lo que constituye la organización.

2.3.3.2. Considerarla como una cooperación voluntaria.

- Significado de “voluntaria”.
- Significado de “cooperación”.
- En una cooperación, por necesidad, la libertad individual queda limitada.
- Dos no pueden andar juntos si no restringe cada uno sus aspiraciones individuales.
- En una orquesta ningún músico tiene la libertad de tocar su instrumento a su propio gusto, sino que tiene que frenar su yo para poder estar en armonía con los demás.
- Cada uno tiene que coordinar sus esfuerzos para el beneficio de todos.

2.3.3.3. Mantener una lealtad a los principios de la organización nacional.

2.4. Profundizar.

2.4.1. Recordar que el pastor es el dirigente espiritual.

2.4.2. Recalcar la importancia de la persona y obra del Espíritu Santo.

2.4.3. Poner énfasis sobre el hecho de que cada persona de la congregación debe estar recibiendo algo de Dios y creciendo en la gracia todos los días.

2.4.4. Predicar sobre el Espíritu Santo.

2.4.5. Celebrar seminarios sobre la oración.

2.4.6. Celebrar campañas de oración.

Conclusión

Se trata de la obra de Dios. Tenemos que llevarla a cabo según Él desee para que Él se manifieste. Tenemos que pedirle a Dios sin cesar que levante nuevos obreros.

Cómo levantar una iglesia nacional

Mateo 16:18

Conclusión

No se trata de una iglesia nacionalista, sino de una iglesia nativa al país, una iglesia autóctona. Todos los obreros, misioneros, pastores y feligreses deben enfocar bien la meta.

1. La meta es una iglesia nacional

1.1. Lo que se desea lograr no es alcanzar grandes números de convertidos sólo para poder hablar de cantidades.

1.2. No es tener capillas de una construcción llamativa.

1.3. Es lograr una congregación fuerte y con las características de las iglesias del Nuevo Testamento.

1.4. Es lograr una iglesia nacional.

1.4.1. El evangelio es universal.

Ilustración: El plátano se da bien en ciertos climas pero en los climas más templados o fríos, no se logra. No es así con la iglesia que se da dondequiera.

1.4.2. La iglesia debe ser nativa, y aunque se reconocen los vínculos con otras iglesias en el extranjero, la iglesia en ninguna parte debe considerarse como "una sucursal" procedente de otro país.

2. Se pretende una iglesia nacional fuerte

2.1. Que se propaga a sí misma.

2.1.1. Produce sus propios obreros.

2.1.2. Levanta otras iglesias.

2.1.3. Se presta como instrumento del Espíritu Santo para alcanzar las metas propuestas.

2.1.4. En el plan de Dios la iglesia es el agente más poderoso para el evangelismo, es un centro de evangelización de los contornos.

2.2. Que se sostiene a sí misma.

2.2.1. Si tiene que depender de fuentes ajenas, no es una iglesia verdaderamente capaz.

2.2.2. Si recibe alguna ofrenda de otra parte, debe ser para ayudar a evangelizar y levantar nuevas iglesias más bien que para mantenerse a sí misma.

2.3. Que se gobierna a sí misma.

2.3.1. En la esfera local, con pastor y diáconos.

2.3.2. En la esfera nacional, a la medida que las diferentes iglesias locales se desarrollan.

3. El papel de un extranjero

3.1. Plantar.

3.2. Preparar obreros.

3.3. Se puede comparar con un andamio; no es factor permanente.

3.4. Un extranjero no debe ejercer un pastorado permanente.

3.5. Su visión es trabajar para que la iglesia siga adelante con fuerza y victoria.

Conclusión

La iglesia local es la unidad puesta por Dios para la extensión del reino de Dios. Hay que tener iglesias locales fuertes para poder tener una iglesia nacional fuerte. Que Dios nos proporcione la visión necesaria y la fe para esta gran obra.

La iglesia en su segunda etapa de desarollo

Hechos 8

Introducción

¿Qué caracterizaba el desarrollo de la iglesia neotestamentaria con la participación de la segunda generación de obreros? Había bendición, estaba bien organizada y había persecución. La interrogante era que si Felipe podría servir tan bien como Pedro y Juan.

1. Se seguía evangelizando

1.1. Ya no actuaban los apóstoles sino los convertidos.

1.2. Para que la iglesia no quedara satisfecha con estar en Jerusalén Dios permitió la persecución.

1.3. Todos los que salieron de Jerusalén hacían obra personal.

1.4. Los diáconos predicaban en lugares nuevos.

1.5. Toda la iglesia se activaba.

2. Seguía manifestándose el poder sobrenatural

2.1. Había milagros.

2.2. Felipe salió a predicar y esperaba ver lo mismo que había visto en Jerusalén.

2.3. Nuestros hijos espirituales llevan el ambiente de la iglesia donde nacieron.

2.4. Hay que esperar que Dios se manifieste ahora como antes.

3. Seguía el gozo

3.1. No solamente el deber los motivaba sino la alegría de una vida abundante.

3.2. Entonaban cantos en el corazón.

4. Se seguía necesitando de un buen fundamento

4.1. Se ve que Felipe era obrero nuevo y, por lo tanto, no tenía experiencia para examinar a los nuevos convertidos.

4.2. En Samaria Felipe bautizó a uno que no era convertido de veras.

4.3. Los obreros inexpertos tienen que dar mucha importancia a la doctrina.

4.4. Los obreros inexpertos tienen que señalar la importancia de llevar el fruto del Espíritu.

4.5. Hay que proteger a la iglesia administrando la disciplina.

5. Se seguía necesitando la llenura del Espíritu Santo

5.1. Lograban convertidos pero les faltaba algo.

5.2. Los apóstoles no quedaron satisfechos con lo que veían.

5.2.1. Comisionaron a Pedro y a Juan para que visitaran a los nuevos creyentes.

5.2.2. Oraron con los nuevos convertidos.

5.2.3. Los nuevos creyentes recibieron el bautismo del Espíritu.

Conclusión

Muchos han quedado como los de Samaria: convertidos pero no llenos. La iglesia caminará con obreros de menos experiencia si éstos buscan lo que tenían los apóstoles.

Hombres que levantaron la iglesia

Hechos 1:1-4; 4:13

Introducción

Supongamos que nos han mandado salir a entrevistar a diez personas para seleccionar a tres de ellas con el fin de establecer una empresa. ¿Cuál sería nuestro criterio para escoger las tres que llevarían a cabo el proyecto? Cuando leemos en Hechos sobre la fundación de la iglesia, vemos que los fundadores tenían algunas características en común. Floreció la iglesia no porque los fundadores fueran excepcionales en cuanto a recursos personales. A esos iniciadores mencionados en Hechos no los hubiéramos escogido. No eran excepcionales en cuanto a la posesión de talentos. Pero eran hombres de Dios y por eso florecía la iglesia.

1. Eran hombres que conocían a Dios

1.1. Habían tenido una profunda experiencia espiritual.

1.2. Para ellos, Cristo era una gran realidad.

1.3. Algunos ejemplos:

1.3.1. Pedro tuvo un encuentro especial con el Señor en la playa, después de la resurrección.

1.3.2. Tomás no creía, pero llegó a convencerse de la realidad de la resurrección.

1.3.3. Pablo perseguía a los seguidores de Cristo, pero en el camino a Damasco él mismo llegó a conocer al Señor.

1.4. Que sea nuestra ambición conocerlo también.

2. Eran hombres que conocían la Palabra de Dios

2.1. Apreciaban la Palabra.

2.2. Cristo les abrió su entendimiento (Lucas 24:27).

2.3. Repetían muchas veces la frase: "Como fue escrito por el profeta."

2.4. "Perseveraban en la doctrina" (Hechos 2:42).

2.5. Predicaban la Palabra.
"... que prediques la Palabra" (2 Timoteo 4:2).

2.6. Enseñaban la Palabra.
"... que enseñes la Palabra" (2 Timoteo 4:2).

3. Eran hombres que oraban (Hechos 1:14)

3.1. Dependían de Dios.

3.2. La iglesia vivía en un ambiente de oración.

3.3. Dios todavía abre el camino cuando la iglesia ora.

3.4. El Pentecostés vino como resultado de humillación, oración e intercesión.

4. Eran hombres que tenían fe

4.1. Se consideraban hombres de destino, como parte del plan de Dios.

4.2. Llevaban fruto porque eran ramas unidas a la vid.

4.3. También nosotros estamos destinados a cumplir su voluntad.

5. Eran hombres que permanecían fieles hasta la muerte

5.1. A pesar de estar preso, Pedro permaneció fiel.

5.2. Esteban permaneció fiel aun cuando fue acusado injustamente.

5.3. Pablo y Silas cantaban a media noche.

5.4. Pablo dijo: "Ni estimo preciosa mi vida para mí mismo, con tal que acabe mi carrera con gozo, y el ministerio que recibí del Señor Jesús" (Hechos 20:24).

6. Eran hombres que se entregaban al Espíritu

6.1. Sabían que eran instrumentos de la voluntad divina.

6.2. Reconocían al Espíritu como el administrador de la obra divina. Por ejemplo, Pedro dijo: "El Espíritu me dijo que fuera con ellos sin dudar" (Hechos 11:12).

6.3. El Espíritu Santo es suficiente para nuestros días.

Ejemplo: Un nicaragüense sin grandes habilidades naturales había experimentado gran bendición del Señor al ir a un lugar de la selva para evangelizar. Se había levantado un grupo de convertidos fieles con quienes trabajó para hacer su propio templo de adobe. Sentía que había llegado el momento de marcharse para otro lugar y levantar otra iglesia, pero los hermanos le imploraban que se quedara debido a la escasez de obreros.

Desde ese momento, la iglesia fue yendo para atrás. Mermaron las ofrendas para su sostenimiento, al punto que el pastor se vio obligado a dedicarse a la agricultura. Luego se enfermó su esposa.

Un día mientras sembraba frijoles, sintió que alguien lo llamaba. Se volvió para mirar pero no vio a nadie. Pensó que tal vez su esposa lo llamaba y dejando el azadón, procedió a su casita. La esposa le aseguró que no lo había llamado.

De vuelta en el zurco siguió sembrando cuando volvió a oír que lo llamaba alguien. No reconocía la voz, y tampoco vio a nadie. Con preocupación por su esposa, caminó la poca distancia a su casa. En esa ocasión, su esposa, después de reiterar que no lo había llamado, le preguntó que si no sería que Dios le quería hablar.

La tercera vez que este fundador de iglesias escuchó claramente que alguien lo llamaba en forma audible, dijo: "Habla, Señor, que tu siervo escucha."

El Señor le afirmó que lo llamaba para ir a otro lugar a evangelizar a gente que no conocía el evangelio. Regresando a la casa le informó a su esposa acerca del mensaje recibido. Ella le dijo que si Dios la sanaba, lo acompañaría. En el acto el hermano se arrodilló y oró fervientemente por la enferma. De inmediato su esposa se levantó de la cama y esa misma noche se despidieron de la congregación, informando que se marchaban para un lugar no evangelizado.

En el lugar indicado por el Espíritu, a dos días de camino difícil, comenzaron a predicar a la ribera del río. Maravillosamente el Señor suplió sus necesidades y salvó en seis meses a más de sesenta almas.

Conclusión

La tarea es la misma, el mensaje el mismo. Ni geografía ni clima alteran el plan de Dios de usar a personas dispuestas para la expansión de su reino.

El creyente y sus bienes

Proverbios 3:9; 1 Corintios 4:2

Introducción

¿Cuáles verdades de la Biblia tenemos que enseñar? Claro que nos incumbe enseñar toda la verdad bíblica. Una parte de esa verdad es nuestra actitud en cuanto a los bienes materiales.

1. Dios es dueño de todo (Salmo 24:1)

1.1. No somos dueños de nada sino administradores de los bienes que Dios nos da.

1.2. Tenemos que rendirle cuentas a Él de nuestra administración (1 Timoteo 6:17-19; Lucas 16:11).

2. La manera de reconocer la responsabilidad de administrar es diezmando

2.1. Abraham pagó diezmos (Génesis 14:18-20).

2.2. Jacob principió a diezmar cuando aun no tenía nada (Génesis 28:20-22).

2.3. La ley de Moisés proporciona la estructura para organizar el manejo de nuestros bienes y asegurar nuestro cumplimiento con el Señor (Levítico 27:30-32).

2.4. Es fijo este principio, no cambia. Hemos de ofrendar para el Señor no cuando nos sentimos emocionados o provocados para hacerlo, sino como una sana administración de nuestros bienes.

3. El diezmo es para la obra de Dios

3.1. El Antiguo Testamento señala que es para el sostenimiento de los que ministran (Números 18:21).

3.2. El Nuevo Testamento aclara que como en el Antiguo Testamento los que trabajaban en el templo participaban de las ofrendas que traía la gente, "así también ordenó el Señor a los que anuncian el evangelio, que vivan del evangelio" (1 Corintios 9:13,14).

4. La obra necesita de nuestra colaboración (Hebreos 13:15,16; Gálatas 6:6)

4.1. Se paga a Dios; uno no toma de su bolsillo para pagar a los hombres.

4.2. Debemos colaborar porque este es el plan que Dios ha proporcionado para el avance de su obra.

4.3. El pastor necesita un salario adecuado (1 Timoteo 5:17).

4.4. Hay que proveer muchas otras necesidades en la obra.

4.5. Obviamente los diáconos y oficiales deben ser ejemplos en esta disciplina espiritual.

4.6. Cuando se ha instituido un sistema del "alfolí" (equivalente a un fondo general administrado por los oficiales) ha resultado en beneficio para la obra, ya que así no comienzan a correr rumores de maneras en que se empleó alguna ofrenda.

5. El creyente generoso con sus ofrendas alcanza bendiciones materiales y espirituales (2 Corintios 9:6-12)

5.1. La mezquindad con Dios resulta en pobreza (Malaquías 3:9).

5.2. La liberalidad resulta en bendiciones (Lucas 6:38).

5.3. Dios nos invita a probarlo (Malaquías 3:10).

5.4. Abundan testimonios de personas que han probado a

Dios dando con generosidad: negociantes, empresarios, trabajadores.

Conclusión

No hay límites al avance de la obra cuando los mismos hermanos se hacen responsables del sostenimiento.

- Probemos al Señor.
- Cumplamos los deberes de los cuales nos hicimos responsables al hacernos miembros de la iglesia.
- Enseñemos diligentemente a los nuevos convertidos acerca de esta parte del servicio al Señor que tiene cada creyente.
- Consagremos toda nuestra vida al Señor ya que Cristo dio todo por nosotros (2 Corintios 8:1-5).

El sostenimiento propio

1 Corintios 9

Introducción

¿Qué sucede cuando se casa un hijo que nunca ha tenido que valerse de sus propios esfuerzos para sostenerse? ¿Qué preparación tendrá para hacer frente a los gastos adicionales cuando el primer niño venga en camino?

Muchos nos atrevemos a hacer un pronóstico. Los padres y los suegros tendrán que aumentarle la ayudita que le pasan. Si no sucede así, este joven mal preparado va a pasar una crisis. Saldrá en una búsqueda frenética de alguna forma de equilibrar el presupuesto de la casa. Y con toda probabilidad el matrimonio entrará en momentos de discordia.

Veamos si no se puede comparar esta situación con la de una iglesia nueva. ¿Por qué debe estar preparada para sostenerse a sí misma?

1. Motivos para pretender el sostenimiento propio

1.1. La Biblia lo enseña (1 Corintios 9:7-14).

1.1.1. La iglesia no debe ceñirse a un ejemplo que no sea el del Nuevo Testamento.

1.1.2. Amoldarse a otro método puede resultar en una pérdida de la vida espiritual de la iglesia.

1.1.3. La Biblia indica que la práctica del diezmo es parte del acto de adorar y servir al Señor.

1.1.4. Como los sacerdotes vivían de los diezmos del pueblo, así también Dios ha ordenado que el ministro evangélico sea sostenido por los diezmos y las ofrendas de la congregación (1 Corintios 9:14).

1.1.5. Pablo no pidió ofrendas a los hermanos en Jerusalén cuando levantaba iglesias nuevas, sino que en momentos de necesidad trabajó en lo secular.

1.1.6. Pueden haber momentos cuando el obrero necesita trabajar en lo secular, pero todos los de la congregación deben comprender que se trata de un arreglo provisional.

1.2. Así la iglesia se beneficia.

1.2.1. Los creyentes, sabiendo que de ellos depende la obra, se esfuerzan más que una iglesia que recibe ayuda económica sin que los hermanos pongan de su parte.

1.2.1. La fe de los hermanos se fortalece.

1.3. Así el obrero se beneficia.

1.3.1. Cuando las circunstancias exigen que el obrero confíe en Dios para su sostenimiento, su propia fe y su vida espiritual se fortalecen.

1.3.2. Logra tener sosiego y así puede dedicar más tiempo a la obra.

1.3.3. Recibe más aprecio de la congregación.

1.3.4. Es más permanente la obra si es producto de los esfuerzos de los creyentes de la congregación porque así no es cuestión de vida o muerte de la iglesia cuando se agotan los ingresos procedentes de otras fuentes.

1.3.5. Hay casos en que el público con espíritu nacionalista ha considerado a los hermanos que reciben ayuda económica del extranjero como agentes de otras naciones.

1.4. Es un beneficio para poder cumplir con la Gran Comisión.

   1.4.1. Si la iglesia sabe que vendrá ayuda de otra parte, no se esforzará mucho para solventar su situación.

   1.4.2. Los fondos de otra parte nunca alcanzarán para llevar el evangelio a los lugares más recónditos de la región.

   1.4.3. Si la iglesia no puede sufragar sus propios gastos, llegará el día en que no podrá extenderse por falta de dinero puesto que todos los fondos se habrán empleado para mantener la obra a su nivel de siempre.

2. Cómo alcanzar la meta del sostenimiento propio

2.1. El obrero tiene que estar convencido de la posibilidad

   2.1.1. Reconocer que es posible porque Dios es grande.

   2.1.2. Darse cuenta de que es posible porque la iglesia es universal y se puede levantar en cualquier lugar.

2.2. Hay que enseñar a la iglesia.

   2.2.1. Comenzar con la junta oficial.

   2.2.2. Poner cuidado especial en que los nuevos convertidos sean instruidos con respecto a su responsabilidad económica inmediatamente después de su conversión, y antes de que asuman la categoría de miembros activos de la iglesia.

2.3. Ejercer cuidado en establecer la confianza de la congregación en cuanto a la manera de manejar los fondos de la iglesia.

   2.3.1. Si los hermanos ignoran la cantidad de los ingresos, creerán que son mayores de lo que son en realidad.

   2.3.2. Un informe económico debe ser entregado a la iglesia en fechas señaladas para establecer confianza.

2.4. Los oficiales han de ser ejemplos en ofrendar.

2.5. El nivel espiritual de la iglesia influye ya que la bendición de Dios promueve la liberalidad.

3. El mecanismo para el sostenimiento propio: el gobierno propio (Hechos 6)

3.1. La participación de todos.

3.1.1. La iglesia tenía voz.

3.1.2. La iglesia tenía voto para elegir a los diáconos.

3.1 3. Los diáconos trabajaban bajo la dirección de los apóstoles.

3.2. La necesidad de una buena relación cordial del pastor con la grey, de sentir las necesidades de los hermanos.

3.3. La relación del pastor con el cuerpo oficial.

3.3.1. Debe orar con los miembros de la junta.

3.3.2. Debe preguntarse si luce como dictador.

3.3.3. Debe preguntarse si ha perdido la dirección de las ovejas.

3.3.4. No hay que tener miedo a los fuertes.

3.4. Mantener una disciplina bíblica. En Hechos 5 se ve que Dios señaló la necesidad de hacerlo.

3.4.1. Entender que la disciplina no es para castigar sino para redimir y restaurar.

3.4.2. A veces todos los de la iglesia toman parte (1 Corintios 5).

3.4.3. El pastor no debe actuar de manera propia, o sea, independientemente.

3.4.4. No se puede pasar por alto el pecado.

3.5. Hacer que todos estén conscientes de la labor de extenderse.

3.5.1. Sentirse responsables por la evangelización del territorio geográfico más cercano.

3.5.2. Poner a otros a trabajar en los campos blancos, o sea, los anexos o misiones.

3.5.3. Abrir continuamente más puntos de predicación.

3.5.4. Animar a los que desean predicar.

3.5.5. Celebrar clases de evangelismo personal.

3.5.6. Hacer el trabajo de discipulado.

3.5.7. Difundir los principios de Jesús en la comunidad.

3.5.8 Crear una iglesia amigable.

Conclusión

El mismo Dios que cuidó de Elías en tiempos de hambre, también sabrá cuidar a sus ministros y a cada iglesia local que le obedece incondicionalmente y deposita su confianza en Él.

Cómo fundar una nueva iglesia

1 Corintios 3:10,11

Introducción

De los muchos aspectos en la fundación de una iglesia, ¿cuáles dos son de gran importancia? El primero es tener personas bien fundamentadas en la fe y el segundo es lograr que la iglesia esté bien organizada. Con estos dos se forma la base de una iglesia. No se incluye en los aspectos más importantes ni la capilla ni el predicador. Nos incumbe reflexionar en esto ya que la forma en que la iglesia se funda la marcará por muchos años.

1. Hace falta poner un buen fundamento doctrinal

1.1. Es peligroso fundar la obra sobre la personalidad del pastor.

1.2. Se fortalece la iglesia si se establece sobre los principios de la Palabra.

1.3. Una herramienta de mucha utilidad es tener un manual de doctrina básica, que en algunas partes se conoce como "Reglamento local".

1.3.1. La historia está repleta de fracasos cuando no se ha adoctrinado bien a las personas antes que sean admitidas como miembros.

1.3.2. No se debe aceptar a ningún candidato para la feligresía si no ha pasado por el curso de estudios de doctrina, sea de otra iglesia o sea recién convertido.

2. Hace falta que la iglesia esté bien organizada

2.1. Sin organización resulta la anarquía.

Ejemplo: Todos utilizan aunque sea formas rudimentarias de organización. Si se fija un día, lugar y hora para un culto, eso es organización.

2.2. Se necesita mantener al día la lista de miembros, haciendo distinción entre miembros y no miembros.

2.3. Es imprescindible tener un cuerpo oficial.

2.3.1. El pastor.

2.3.2. Los diáconos.

2.4. La cooperación activa, una necesidad absoluta, ha de ser comprendida por todos.

2.4.1. Que se comprenda que no estamos solos.

2.4.2. Tenemos que trabajar juntos de la misma manera que los miembros de un cuerpo trabajan juntos.

2.4.3. La opinión de los demás modifica ocasionalmente los deseos individuales.

2.4.4. Se realiza juntos aquello que ninguno puede hacer solo.

2.4.5. Se implica forzosamente la limitación de la libertad personal.

2.5. La contabilidad, el llevar los libros de entradas y egresos, se ha de realizar en buen orden.

2.6. Se precisa enseñar desde el principio el plan de sostenimiento propio de la iglesia.

2.6.1. Hay que hacerlo con gozo.

2.6.2. Todos deben comprender que se trata de un privilegio sostenerse.

2.6.3. La importancia de cerciorarse de que los hermanos comprendan que la iglesia es de ellos.

2.7 Darle una estructura organizacional que facilite trabajar todos a gusto.

2.7.1. La Escuela Dominical permite que todos los asistentes puedan estudiar las Escrituras a un nivel y con técnicas adecuadas para su edad.

2.7.2. El Concilio Misionero Femenil permite que las damas trabajen con comodidad en un ambiente apropiado para ellas.

2.7.3. Los Embajadores de Cristo proporciona la oportunidad para que la juventud de la iglesia organice actividades satisfactorias para el idealismo y la energía de su edad.

2.7.4. Campos blancos, anexos, misiones, puntos de predicación.

2.7.4.1. Una manera formidable de llevar el evangelio a todas partes.

2.7.4.2. Se adelanta el cumplimiento de la Gran Comisión que extiende la efectividad de la iglesia local.

2.7.4.3. Así se hace entre muchos lo que nunca podría hacer el pastor solo.

3. Hace falta que la iglesia aprenda a orar

3.1. Así se proporciona a la iglesia el dinamismo que precisa.

3.2. Sin el poder espiritual, la iglesia, aunque bien organizada, no podrá avanzar.

3.3. La iglesia primitiva vivía en un ambiente de oración.

3.4. Poner énfasis sobre la importancia del bautismo en el Espíritu Santo.

3.4.1. Dios ha prometido derramar su Espíritu sobre toda carne.

3.4.2. Los discípulos del Señor recibieron el mandato de esperar la venida del Espíritu (Hechos 1:4).

3.4.3. Aparte de los que recibieron el bautismo del Espíritu Santo en el día de Pentecostés, en muchos otros lugares, grupos de creyentes recibieron el mismo bautismo.

3.5. Junto con la oración hay que mantener orden bíblico, evitando extremismos y juzgando las manifestaciones.

3.6. Así se prepara la iglesia para un avivamiento.

Conclusión

La iglesia se ha de fundar sobre Cristo. Cuando nos empeñamos en fundar una iglesia contamos con la presencia de Cristo y con su dirección. El obrero ha de recordar que al fin y al cabo es un mero colaborador del Señor y que debe desempeñar su trabajo sabiendo que se trata de una enorme responsabilidad delante de Dios.

Ocasiones especiales

Culto de jóvenes
Nuestra juventud pentecostal

Joel 2:26,27

Introducción

En el tiempo del fin habrá avivamiento, y señales en la tierra y en el cielo. El Espíritu se derramará sobre toda carne; sobre los ancianos y sobre la juventud. La juventud desempeñará un papel importante.

1. Verán visiones

1.1. Los profetas, llamados videntes, veían lo que a otros se escondía.

1.2. Los jóvenes, cual profetas, se darán cuenta del significado de lo que sucede en nuestros días, que está profetizado en la Biblia.

1.2.1. Es trágico no ver.

1.2.2. Ejemplos de gente con ojos que no veían.

1.2.2.1. Los contemporáneos de Noé.

1.2.2.2. Los fariseos que sabían mucho de las Escrituras no veían las señales del tiempo.

1.2.2.3. Los habitantes de Jerusalén no conocían lo que era para su paz (Lucas 19:42,44).

1.3. Verán el conflicto de fuerzas invisibles el cual es la verdadera lucha.

1.4. Verán el valor de un alma.

1.5. Verán los campos, los pueblos, las tribus.

1.6. Verán el poder espiritual a nuestro alcance en vez de ser como el siervo de Eliseo que no tenía los ojos abiertos (2 Reyes 6:17).

1.7 Ungirán los ojos con el colirio del cielo para aclarar la vista espiritual (Apocalipsis 3:18).

2. Profetizarán

2.1. El significado del vocablo que en castellano se traduce "profeta" es: "Uno que pronuncia el mensaje de Dios."

2.2. El joven sobre quien se ha derramado el Espíritu será testigo de acuerdo a Hechos 1:8.

2.3. Los jóvenes de quienes se vale Dios serán personas comunes como lo fueron los doce discípulos, cosa que provocará a la gente a preguntar: "¿Por qué han avanzado tanto?"

Conclusión

Dios ha tocado a nuestra juventud y le ha dado una carga al punto de que el joven dirá con Pablo: "¡Ay de mí si no anunciare el evangelio!"

Consejos de un sabio para la juventud

Eclesiastés 11:9 — 12:1

Introducción

No hay nadie que no haya sido niño o que no lo es ahora. Y como la mayoría ya ha salido de la etapa de la niñez, o son jóvenes o lo fueron. Quiere decir que pocos son los que no van a poder identificarse con los consejos que hallamos en el pasaje que ahora nos sirve de texto.

1. Alégrate (11:9)

1.1. La juventud es tiempo de alegría.

1.2. Dios mismo desea que nos alegremos; estar gozoso no es pecado.

1.3. La vida cristiana no es una vida triste.

2. Analiza: "Pero sabe . . ." (11:9).

2.1. Sabes que no todos los placeres son iguales.

2.2. Date cuenta de que el pecado tuerce lo bueno.

- 2.3. Recuerda que unas cosas conducen a destrucción y juicio por lo que nos incumbe pensar en el resultado final de lo que decidimos hacer.
- 2.4. Analiza los propósitos divinos de tus diferentes capacidades.
  - 2.4.1. Dios creó el sexo pero es imprescindible controlar los impulsos sexuales.
  - 2.4.2. Las capacidades físicas del hombre impresionan y tienen un papel que desempeñar en momentos determinados.
- 2.5. Reconoce que no se puede seguir ciegamente los impulsos.

3. Apártate del mal: "Quita, pues . . ." (11:10)

- 3.1. La autodisciplina es imprescindible.
  - 3.1.1. Sé dueño de tu cuerpo.
  - 3.1.2. Entiende que algunas cosas no te convienen.
    - 3.1.2.1. José se dio cuenta y huyó de la mujer de su patrón.
    - 3.1.2.2. Daniel resolvió en su corazón no contaminarse.
- 3.2. Evita la ocasión para pecar.

4. Acuérdate de tu Creador (12:1)

- 4.1. Es el Autor de nuestra vida.
- 4.2. Será nuestro Juez.
- 4.3. Hoy quiere ser nuestro Redentor.

Conclusión

Salomón cedió a muchas tentaciones; pero en la etapa de su ancianidad llegó a la conclusión de que lo que se tiene que resaltar en la vida es la necesidad de acordarse de Dios. Podemos dar muchas vueltas en la juventud, pero siempre volveremos a enfrentarnos con la verdad de que nos debemos a Dios. La conclusión del sabio Salomón se halla al final del libro de Eclesiastés (12:13,14). Aparte de todo lo demás estamos para temer a Dios y guardar sus mandamientos "porque Dios traerá toda obra a juicio, juntamente con toda cosa encubierta, sea buena o sea mala".

El Rey y sus soldados

Lucas 14:25-33

Introducción

Son los jóvenes los que prestan servicio militar. Cuando se presentan, bien saben que durante su período de servicio no van a disfrutar de una vida cómoda. ¿Qué esperan los que se prestan para servir al Señor?

1. El Rey atrae a las multitudes

1.1. Cristo sabía que no todos los de la multitud estaban dispuestos a ser buenos soldados.

1.2. Cristo se escondía de los que querían hacerle rey por fuerza ya que sabía que muchos no tenían motivación correcta.

1.3. Para que examinaran sus motivos, les preguntó: "Por qué me siguen?"

1.3.1. "Me gusta andar con las multitudes. Lo que quiero es emocionarme con mucha gente."

1.3.2. "Estoy enfermo. Necesito sanidad."

1.3.3. "Me gusta que multiplicaste los panes. Eso es lo que necesitamos."

1.3.4. "Quiero verte librar a los judíos de Roma. Soy político activista y revolucionario."

2. El Rey declara sus objetivos

2.1. Soy como un hombre que edifica una torre.

2.1.1. Se trata de una torre espiritual.

2.1.2. La torre tiene su fundamento en la justicia y el amor.

2.1.3. Mi objetivo es levantar la torre, la cual es el reino de Dios.

2.2. Soy un Rey que sale a guerrear.

2.2.1. El enemigo es fuerte y terrible.

2.2.2. El enemigo tiene a toda la humanidad en esclavitud.

2.3. Voy a pelear una guerra de liberación, ¿quieres seguirme?

3. El Rey calcula los gastos

3.1. No todos pueden ser soldados en mi ejército.

3.2. Se requiere una lealtad absoluta a mi persona.

3.2.1. Antes que a la familia.

3.2.2. Antes que los bienes materiales.

3.2.3. Antes de la vida propia. Hay que recordar que uno que quiere salvar la vida la perderá de todos modos y uno que quiere vivir para siempre lo podrá hacer únicamente sirviendo a este Rey.

3.3. Se requiere una dedicación completa. "Niéguese a sí mismo y lleve su cruz."

3.3.1. Hay que disciplinarse para controlar la mano que quisiera agarrar.

3.3.2. Hay que gobernar al pie que desea tomar su propio rumbo.

3.3.3. No se puede permitir que el ojo siga una disposición de codicia.

3.3.4. Esta dedicación tiene que llegar al mismo centro de la vida; al yo que siempre quiere ser el que manda.

3.4. Se requiere una obediencia absoluta.

Ilustración: Se cuenta que Napoleón, cuando se le preguntó a qué se debía su éxito militar, le hizo señas a un soldado raso que se acercara. Le mandó: "Salta." Y saltó el soldado. Le dijo que se tirara al suelo y el soldado inmediamente obedeció. "A esto se debe mi éxito militar — concluyó diciendo —. Mis soldados me obedecen."

4. ¿Cómo es el Rey que tanto exige?

4.1. Ejemplar.
No pide sin primero haber puesto el ejemplo.

4.2. Poderoso.

Nadie tiene mayor poder que Él.
"Toda potestad me es dada."

4.3. Amoroso.
   4.3.1. Da sus órdenes con amor.
   4.3.2. La cruz es prueba de su amor.

4.4. Constante.
"Estoy con ustedes hasta el fin del mundo."

Conclusión

¿Quién va con este Rey? La juventud latinoamericana va a la vanguardia, siguiendo a su Rey eterno. Los jóvenes pondrán en alto el estandarte de la justicia. Predicarán el evangelio por dondequiera y ganarán almas. Aunque les espere la cruz, aunque la batalla sea feroz, con sudor y sangre, lágrimas y camillas, mártires y tumbas, la juventud latinoamericana responde que sí irá. Así queda asegurada la victoria.

Culto de mujeres
Guardiana de la llama

1 Corintios 13

Introducción

¿Qué significa la palabra "hogar"? Es el sitio donde se enciende lumbre. Y en una casa la mujer mantiene el fuego. La familia se reúne cerca del fuego. En sentido figurado, el hogar es donde el ser humano recibe aliento, donde es aceptado y amado, donde tiene seguridad, actividad creadora y reconocimiento.

1. La mujer ha de mantener la llama del amor

1.1. El amor busca el bien del ser amado.
1.2. El amor no es egoísta.
1.3. El amor se basa en el respeto mutuo.
1.4. El amor da.
1.5. El hogar es donde se nos ama a pesar de nuestras faltas.

2. La mujer ha de mantener la llama de la inspiración

2.1. La madre representa lo más noble y así inspira.

2.2. La madre tiene fe en el porvenir del hijo, lo que le inspira.

3. La mujer ha de mantener la llama de la comprensión

3.1. La madre no se ríe del hijo.

3.2. La comprensión hallada en el hogar sirve de bálsamo en las heridas que inflige la incomprensión de la calle.

4. La mujer ha de mantener la llama de la fidelidad

4.1. Cuando los miembros de la familia son fieles unos a otros se fortalecen para hacer frente a la corrupción del mundo.

4.2. La fidelidad honra el matrimonio.

4.3. La fidelidad rinde beneficios palpables.

4.3.1. Uno no sufre las acusaciones de la conciencia.

4.3.2. Se disfruta de mayor calma de espíritu.

4.3.3. Cuando hay fidelidad reina la confianza.

5. La mujer ha de mantener la llama de la devoción espiritual de la familia

5.1. Ella continuamente anima a tener fe en Dios.

5.2. La importancia de poner de su parte para que se celebre el culto devocional familiar.

5.3. Ella tiene que cumplir con Dios en los deberes espirituales.

5.3.1. Para su propio bienestar espiritual.

5.3.2. Para poner el ejemplo ante los demás.

5.3.3. Para poder enseñar con eficacia a los hijos acerca de la importancia de cumplir en esto.

5.4. Un ministerio de suma importancia para la madre es la intercesión por los hijos todos los días.

Conclusión

No va a haber alimentos preparados para la familia si no se prende la lumbre en la cocina. De igual manera la mujer que no mantiene la llama del amor, la inspiración, la comprensión, la fidelidad y la devoción espiritual va a ver que la familia se desintegrará. ¡Que nunca se apague la lumbre en el hogar!

Bautismos

El bautismo en agua

Gálatas 3:27

Introducción

Los acontecimientos trascendentales del Antiguo Testamento se han escenificado en el agua. Algunos ejemplos serían el diluvio, el rescate del niño Moisés, la salida de Egipto. ¿Qué importancia debe tener para nosotros el bautismo en agua?

1. El significado del bautismo

1.1. Arrepentimiento (Hechos 2:38; Mateo 3:6).

1.2. Obediencia a Dios (Mateo 3:15).

1.3. Unión con el pueblo de Dios.

1.4. Confesión y testimonio público de fe en el Señor.

1.4.1. Debido a eso el bautismo de un niño no es válido.

1.4.2. Los niños son inocentes, no necesitan del arrepentimiento.

1.4.3. Los niños no pueden comprometerse a una obediencia a la Palabra de Dios.

1.4.4. Los niños ya son de Cristo.

2. El bautismo en agua es por inmersión

2.1. Representa una sepultura en la cual todo el cuerpo queda envuelto.

2.2. Representa la resurrección (Romanos 6:4,5).

3. El bautismo comparado con el arca de Noé

3.1. Ambos simbolizan nuestra salvación.

3.2. Las aguas del diluvio eran aguas de muerte, pero el arca salvó a los que creyeron.

3.3. En las aguas del bautismo morimos, pero Cristo llega a ser nuestra arca de salvación.

3.4. Las aguas del diluvio eran aguas de juicio pero el arca condujo a los creyentes a un nuevo mundo.

3.4.1. Nuevo principio.

3.4.2. Nueva raza.

3.5. Cristo, nuestra arca, nos lleva a una nueva creación.

Conclusión

En las aguas del bautismo nos identificamos con Cristo en su muerte, y en la resurrección, que lo llevó a una vida nueva. ¡Qué glorioso símbolo! ¡Qué bello es este acto del bautismo en agua! Concedámosle toda la dignidad e importancia que tiene. Preparemos nuestro corazón para recibirlo y animemos a nuestra familia a hacerlo también.

La Navidad

Las buenas nuevas de la Navidad

Lucas 2:14

Introducción

Cuántas veces se repite la frase "¡Gloria a Dios!" en un solo culto. Pero los evangélicos no son los únicos que la han dicho. Los guerreros angelicales en la primera Nochebuena exclamaron: "¡Gloria a Dios en las alturas!" Fijémonos en las nuevas que los guerreros angelicales proclamaron en aquella ocasión.

1. Gloria a Dios porque Él se hizo carne

1.1. Se trataba de una intervención activa de Dios.

1.1.1. Muchos hoy se quejan de que Dios no interviene en los asuntos de los hombres.

1.1.2. Con una intervención, las cosas no siguen su misma trayectoria.

1.2. Nació Jesús, el LOGOS, el Verbo.

1.2.1. En el griego el término *logos* se refería a la expresión de un concepto.

1.2.2. En el caso del bebé de Belén, ya no es una expresión del concepto, sino el concepto mismo que ha nacido.

1.3. Dios se hizo carne no solamente para manifestarse sino también para sacrificarse.

1.3.1. A este Verbo se le dijo "Cordero de Dios".

1.3.2. Debemos unir en la mente el concepto de la divinidad que llegó a Belén con el concepto de que el sacrificio divino también llegó aquella noche a Belén.

2. Gloria a Dios por el comienzo de la era de buena voluntad

2.1. Dios anhela hacernos bien.

2.2. Algunos ven a Dios como un tirano; pero no es menos compasivo que la virgen María.

2.3. Dios es amor y desea expresar su buena voluntad por medio de su Hijo.

2.4. Los hombres de buena voluntad aceptan la dádiva de gracia.

3. Gloria a Dios porque trae paz a la tierra

3.1. La venida de Cristo significa la paz individual.

Ilustración: En una ocasión tuve que llevar mi automóvil a la agencia para reparaciones. Iba saliendo del lugar cuando sentí que alguien me agarraba el brazo. Me volví a ver y me di cuenta de que se trataba del mismo dueño del negocio. Me preguntó si yo de veras tenía paz. Nos pusimos a conversar. Luego me invitó a su hacienda para que siguiéramos la plática.

Esa persona se sentía preocupada y agitada al ver la situación de su país y del mundo. Poco a poco le pude ir hablando del evangelio y él hizo profesión de fe. Llegaba a nuestra casa con amigos adinerados para que les hablara del Señor. Fue el comienzo de una obra de Dios entre gente de ese nivel social, a quienes las riquezas no les proporcionaban la paz.

3.2. Cristo pone fin a la guerra civil en cada corazón.

3.3. Algo innato hay en el hombre que anhela el bien.

3.4. Paz a toda la tierra, a todos los pueblos.

3.4.1. La Navidad encierra el mensaje misionero de que hay que ir por todo el mundo con las buenas nuevas.

Una paraguaya entrada en años me dijo: "Acepté el evangelio la primera vez que me lo explicaron. Si alguien me lo hubiera presentado antes, lo hubiera aceptado antes."

3.4.2. El mundo en la actualidad no tiene paz, sino guerra, opresión, injusticia.

3.4.3. Hay que predicar a Cristo que sí es el Príncipe de paz para todos.

Conclusión

Demos las buenas nuevas a los que no las han oído y así estaremos dando gloria a Dios.

La brecha de Belén

Colosenses 2:9

Introducción

Fue una invasión de liberación del mundo. Comenzó aquella primera Nochebuena. Aunque el mundo le pertenecía a Dios porque Él lo creó, un usurpador con engaño había logrado que el ser humano abandonara su lealtad a su Soberano verdadero. Cuando nació Jesús, Dios hecho hombre, se estableció en medio de la humanidad pecaminosa y desleal una brecha, una base de operaciones desde la cual se pudiera alcanzar al mundo. La encarnación abarcaba el plan de Dios de conquistar al enemigo en su propio territorio.

1. El propósito de la encarnación

1.1. Llevar a cabo la misión de profeta: entregar el mensaje divino.

1.2. Llevar a cabo la misión de sacerdote: hacer una ofrenda propiciatoria perfecta para así reconciliar al hombre con Dios.

1.3. Llevar a cabo la misión de rey: derrotar a los enemigos de Dios y establecer en la tierra el reino de Dios.

1.4. Manifestar un reflejo claro del Padre al mundo (Juan 14:9).

1.4.1. Un hombre sin debilidad.

1.4.2. Un agente de la justicia de Dios.

1.4.3. Un ejemplo de humildad.

1.4.4. Un hombre con poder sin ser corrompido por el poder.

1.5. Servir de puente entre Dios y el hombre.

1.6. Liberar del destructor a los que creen en Él.

1.6.1. Enfrentó y venció las tentaciones.

1.6.2. Anuló el poder del pecado.

1.6.3. Destruyó al diablo (Hebreos 2:14,15).

2. La persona de la encarnación

2.1. Era Dios y era hombre.

2.2. Siendo representante del hombre precisaba de los mismos medios de gracia que están disponibles para todo hombre.

2.3. Siendo representante de Dios precisaba que se manifestara la gloria divina (Juan 1:14; 2:11; 11:25).

3. El precio de la encarnación

3.1. Sufrimiento inmenso; incluía el Calvario.

3.2. Dios Padre tuvo que pagar un precio inmenso.

3.3. Dios Hijo tuvo que dejar una posición alta.

3.4. El Hijo tuvo que pasar por la humillación de ser una criatura humana.

3.5. Cristo pasó la agonía de tomar sobre sí el pecado del mundo.

3.6. El Señor tendrá que llevar las marcas de su encarnación a través de toda la eternidad.

4. El premio de la encarnación

4.1. Gozo y satisfacción (Hebreos 12:2; Isaías 53:11).

4.2. Se incluye cada alma redimida.

4.3. Ser unido con la novia, la iglesia (Efesios 5:25).

4.4. El gozo de poder presentar al Padre un mundo restaurado.

4.5. La satisfacción de haber glorificado al Padre y cumplido su voluntad (1 Corintios 15:28; Juan 17:4).

Conclusión

Así fue que aunque el hombre fuerte, Satanás, mantenía en sujeción a todos sus esclavos, uno aun más fuerte invadió la casa y libró a los esclavos. Y así la profecía dada por el ángel la primera Nochebuena se ha de cumplir en su totalidad: "Os ha nacido hoy, en la ciudad de David, un Salvador, que es Cristo el Señor."

El primer regalo de Nochebuena

Juan 3:16

Introducción

Tengo amigos que juegan a la lotería cada semana. Dicen que siempre alguien tiene que ganar. Y si llegara el momento para ellos de ganar el gordo, se volverían locos de contentos. Tendrían una cena especial para todos sus familiares y amigos. Pero ni con millones van a resolver algunos problemas que tienen. De más valor que el gordo de la lotería es el regalo navideño que Dios nos ofrece.

1. Es un regalo de amor

1.1. Un regalo dado sin amor no agrada.

Ilustración: Un padre rico que da regalos costosos a sus hijos pero no tiene ni diez minutos para pasar con ellos.

1.2. Dios dio porque amó. Quiso estar con nosotros y por eso podemos decir que Cristo es Emanuel, Dios con nosotros.

2. Es un regalo de alto precio

2.1. Se trata del Hijo unigénito de Dios.

2.2. Lo que ha costado sacrificio se valora más.

2.3. Costó sufrimiento indecible.

2.4. Si no se pagaba un precio alto, no se lograba la redención, porque el concepto de redimir es pagar el precio de rescate.

2.5. El precio era alto para el Padre, porque amaba infinitamente a la segunda persona de la Trinidad.

3. Es un regalo de gran importancia

3.1. No es cuestión de lujo, sino de necesidad absoluta.

3.2. Se trata de una vida abundante, una vida eterna.

3.3. Incluye la felicidad eterna.

4. Es un regalo para todos

4.1. "... para que todo aquél ..." (Juan 3:16).

4.2. Todos sin excepción pueden tenerlo.

4.3. Es triste quedarse olvidado, mucho más en tiempo de Nochebuena.

Ilustración: Un joven contó que se hallaba con profunda tristeza. Acababa de pasar la Nochebuena totalmente a solas, sin que nadie lo invitara a cenar en su casa. Se sentía mal.

4.4. Este regalo lo recibe aquel que en Él cree.

4.5. Hay que aceptar el regalo.

Conclusión

Dios ha hecho provisión para que cada persona reciba este regalo tan precioso; pero, ¿qué beneficio tenemos nosotros si Cristo, siendo el Salvador del mundo, no ha nacido en nuestro corazón?

El Año Nuevo

En el umbral del nuevo año

Éxodo 12:1-13; 13:21,22

Introducción

Comienzos hay muchos. Decimos que el niño inicia su vida al nacer, pero tuvo otro comienzo: el momento de la concepción.

Principiamos la vida escolar cuando vamos a la escuela por primera vez. Al casarse, la pareja empieza una nueva vida. Y cada año pasamos todos por un inicio: el de otro año. Los israelitas principiaron su existencia como nación con el éxodo de Egipto. Y como era tan importante, Dios les dio instrucciones explícitas acerca de la forma en que tenían que hacer los preparativos para ese inicio. "Este mes os será el principio de meses . . . tómese cada uno un cordero."

1. Para este comienzo, aplique la sangre del cordero

1.1. El cordero tenía que ser sin mancha.

1.2. La sangre proveía la seguridad, el escape de los problemas inminentes.

1.2.1. Salvación de Egipto.

1.2.2. Salvación de Faraón.

1.2.3. Salvación de la muerte.

1.3. El israelita que no aplicara la sangre no estaría a salvo.

1.4. Toda la familia quedaría beneficiada con tal que entrara y permaneciera debajo de la sangre.

1.5. Se trata de una representación de la muerte de Cristo por la humanidad.

2. Para este comienzo, coma la carne del cordero

2.1. Instrucciones acerca de la manera de prepararla y comerla.

2.1.1. Había que asar el cordero, no podía añadirse agua para guisarlo; no podía quedar "diluida" la carne.

2.1.2. Había que comerlo todo.

2.1.3. Había que comerlo con panes sin levadura.

2.2. Se trata de una representación de otra fase de la obra de Cristo.

2.2.1. Necesitamos más que perdón; necesitamos vida. Podemos recibir todo lo que es Cristo.

2.2.2. Hemos de depender y vivir sólo de Cristo, sin inmiscuir otras cosas.

2.2.3. Así como la carne no se podía comer cruda, sino había que asarla, nosotros tenemos que buscar entendimiento por medio de la obra del Espíritu Santo para recibir fuerza espiritual.

2.2.4. El pan sin levadura hace ver que el pecado no puede tener parte en nuestra vida.

3. En este comienzo, siga la nube

3.1. La nube era señal de la presencia de Dios para que los israelitas tuvieran presente en todo momento que no los había abandonado.

3.2. Como no sabían por dónde había que ir, necesitaban la dirección de la nube.

3.3. Tengamos presente durante todo este año que comenzamos que el Señor no nos ha abandonado.

3.4. Aprendamos a buscar y a seguir la dirección del Espíritu durante todo el año.

Conclusión

Estaban listos para la jornada. No sabían lo que les esperaba. No se imaginaban la ansiedad al encontrarse entre el Mar Rojo y los ejércitos de Faraón. No sabían cómo era estar en el desierto sin agua, no conocían los problemas de pelear en guerras ni la falta de la alimentación acostumbrada. Pero principiaron con Dios, quien los ayudó siempre. Esa nube no les faltó.

Y así nosotros no nos imaginamos lo que nos espera en este año pero el Señor va con nosotros. Apliquémonos la sangre del Cordero. Comamos para recibir la fuerza que proporciona el Cordero. Sigamos la nube de fuego que nos indicará cada paso.

El nuevo año exige nuevas decisiones

Éxodo 12:2,3

Introducción

Cuando uno cambia de casa, se presentan situaciones en que se tienen que tomar decisiones. Aunque uno quisiera dejarlas para después, no hay manera de eludirlas para poder instalarse en la nueva vivienda. Así fue con los israelitas. Estaban de mudanza. Comenzaban todo un nuevo estilo de vida. "Este mes os será el principio de meses."

1. Es tiempo de recordar, de tomar inventario

1.1. La primera Pascua fue un preparativo para salir; pero en las sucesivas, había que apartar tiempo para recordar cómo el Señor los había sacado con mano poderosa (Éxodo 12:25-27).

1.2. Es tiempo de recordar las pérdidas, los fracasos y las faltas, ya que eso ayudará a buscar de Dios y afirmarse en la fe.

1.3. Que cada uno se haga un autoexamen antes de comenzar las actividades del año.

2. Es tiempo de fijar nuevos propósitos

2.1. Se trata de decisiones importantes.

2.2. Hay que dejar bien asentado que las cosas materiales no satisfacen, que la vida es más que comer y vestirse.

2.3. Falta tomar la decisión de dejar de preocuparse por la felicidad.

2.3.1. La felicidad es esquiva; nos evade si la buscamos.

2.3.2. La felicidad se halla cuando uno persigue hacer el bien y servir a su prójimo.

2.4. Resolvamos buscar las cosas eternas durante este año.

2.4.1. El reino de Dios.

2.4.2. Servir a Dios y a otros, no con intereses personales

2.4.3. La presencia de Dios.

3. Es tiempo de principiar una nueva jornada

3.1. Nos alejamos de Egipto y ahora vamos a Canaán.

3.2. Como Pablo tendremos que seguir adelante (Filipenses 3:13,14).

3.3. Si hay que hacer cualquier arreglo para comenzar bien el año, que Dios nos conceda la gracia y el valor de hacerlo.

4. Es tiempo de presentar un nuevo sacrificio

4.1. Cada familia israelita tenía que tomar un cordero; pongamos nuestra familia bajo la protección contra la muerte espiritual.

4.2. Que al principiar este año cada creyente presente un sacrificio.

4.3. La sangre de nuestro Cordero nos borra la culpa para que seamos aceptados delante de Dios.

4.4. Con este nuevo sacrificio seremos libertados del mundo (Egipto) y de Faraón.

Conclusión

Ahora que vamos pensando en este nuevo comienzo, no nos engañemos. Este es el momento de identificarnos con toda seriedad con los israelitas que celebraban la pascua todos los años, de hacer un nuevo comienzo cada año. Tomemos las decisiones ahora que tengamos que tomar para andar con el Señor durante todo el año.

La meta para este año

Salmo 23:1; Proverbios 4:23

Introducción

En este año puede ser que venga Jesús. Puede venir una guerra desastrosa para la nación. Puede ser que vengan tristezas y pruebas. Ha de ser un año de actividad intensa. Y sea lo que sea, ¿qué deseo para este año? ¿Cuál es mi meta?

1. Un corazón tranquilo

1.1. No estaré afanoso ni me sentiré frustrado si estoy convencido que el Eterno, el Todopoderoso, es mi pastor (Salmo 23:1).

1.2. Podré descansar en medio de todo porque el Señor me ha afirmado que me da su paz (Juan 14:27).

2. Un corazón rendido

2.1. No buscaré satisfacer el yo.

2.2. Desearé que la voluntad de Dios se realice en mi vida.

2.3. Haré una entrega total a Cristo, una vez para siempre.

2.4. Estaré rendido al Señor en la vida o en la muerte.

3. Un corazón confiado

3.1. Me acordaré siempre que la obra es de Dios.

3.2. Tendré la seguridad de que Dios tiene el propósito de ayudarme a hacer su santa voluntad.

4. Un corazón devoto (Romanos 12:1)

4.1. Daré alabanzas sin artificios a Dios.

4.2. No en medio de actividades, sino en momentos apartados sólo para Dios será cuando adoraré al Señor.

4.3. No me ocuparé en una adoración "de oficio", o sea, de profesionalismo.

4.4. Este corazón no se va a dedicar a adorar al Señor meramente de manera rutinaria.

5. Un corazón entendido

5.1. En este año deseo manifestar un amor que entiende los problemas de otros.

5.2. Tendré un corazón al cual le importarán los problemas de otros.

5.3. Tendré un amor que perdona.

Conclusión

Mi meta para este año no será muy fácil de alcanzar, pero si me propongo ante todo tener un corazón tranquilo, un corazón rendido, un corazón confiado, un corazón devoto y un corazón entendido, Dios se encargará de ayudarme con lo demás. "Sobre toda cosa guardada, guarda tu corazón, porque de Él mana la vida" (Proverbios 4:23).

Teología

La autoridad máxima

Isaías 8:19,20

Introducción

(Hacer un croquis en una pizarra para mostrar lo que creen ocho grupos con respecto a lo que es su autoridad máxima.)

Introducción opcional: Diferentes agrupaciones cristianas y evangélicas tienen conceptos distintos con respecto a lo que es su autoridad máxima. Hay que comprender cada postura para poder entender mejor a sus adeptos y para ver la importancia de la nuestra.

1. Según el catolicismo romano

1.1. La autoridad es la iglesia.

1.2. Se apoya tanto en la tradición como en las Escrituras.

2. Según el protestantismo reformado

2.1. La autoridad es la Sagrada Escritura.

2.2. Una de las consignas de la Reforma era: "Sólo escritura."

3. Según el protestantismo liberal

3.1. La autoridad es la Razón

3.2. Buscan al Jesús histórico porque opinan que los evangelios presentan a un Jesús ficticio y que las palabras atribuidas a Él en esos escritos fueron añadidas por los creyentes.

3.3. Niegan el nacimiento virginal de Jesús.

3.4. Dicen que el mundo se va reformando a base de la preparación académica.

3.4. Creen que no se necesita el nuevo nacimiento para ser hijo de Dios.

4. Según los fundamentalistas

4.1. La autoridad es la Biblia.

4.2. Cada doctrina tiene que encajar con las Escrituras.

4.3. Las Escrituras juzgan la experiencia pero no puede la experiencia determinar el significado de la Biblia.

5. Según los neo-ortodoxos

5.1. La autoridad es la experiencia existencial de cada quien.

5.2. Pone énfasis en el pecado del hombre.

5.3. Resulta la Palabra de Dios cuando el alma tiene un encuentro con la verdad de Dios.

6. El movimiento carismático

6.1. Las emociones son la autoridad máxima.

6.2. Podemos sentir lo que es cierto y lo que no lo es.

7. Según el Consejo Mundial de Iglesias

7.1. Como creen que la doctrina divide a las iglesias, no le dan tanta importancia y, por lo tanto, no aceptan que la doctrina sea la autoridad máxima.

7.2. Para ellos el servicio es lo importante.

8. Según los pentecostales

8.1. La autoridad máxima es la Biblia.

8.2. Hay que juzgar todo en base de las Escrituras.

8.3. Hay que poner la Palabra de Dios por encima de las emociones.

Conclusión

Que Dios nos ayude a ver la importancia de entender el lugar que Él mismo ha dado a su Palabra. No podemos juzgar por la tradición o de acuerdo a lo que alguien ha experimentado. La autoridad queda con lo escrito por Dios. Como dice nuestro texto: "¡A la ley y al testimonio!"

La obra del Espíritu Santo

Juan 16:6-15

Introducción

¿Cuál es la fuerza dinámica sin la cual la iglesia no irá a ninguna parte?

1. El Espíritu Santo como paracleto

1.1. Abogado.

1.2. Consolador.

1.3. Un ayudador que se pone a nuestro lado.

Ilustración: Cuando era niño en la escuela, no me salía bien un dibujo. Mi maestra se dio cuenta de eso y puso su mano sobre la mía para ayudarme. Era mi paracleto en aquel momento.

2. El Espíritu Santo en la regeneración

2.1. Algo que no pueden lograr la carne y la sangre (Juan 3:1-8).

2.2. Nos hace nuevas criaturas (2 Corintios 5:17).

2.3. Nos da potestad para ser hechos hijos de Dios (Juan 1:12).

3. El Espíritu Santo es poder santificador

3.1. No sólo somos perdonados, sino también transformados (Romanos 8:1-5).

3.2. Es imán. Un imán tiene poder para sacar el metal del polvo y el Espíritu tiene poder para sacarnos del pecado y de la muerte.

4. El fruto del Espíritu es el carácter de Cristo (Gálatas 5:18-26)

4.1. En cosas cotidianas de la vida se ve cómo el Espíritu cambia nuestra manera de reaccionar.

4.2. El hermano Lorenzo, en su obra "La práctica de la presencia de Dios" cuenta que hacía cada tarea diaria como si la estuviera haciendo para Dios.

4.3. La voluntad de Dios es que lleguemos a ser como Cristo.

5. El bautismo en el Espíritu Santo (Mateo 3:11; Hechos 1:8)

5.1. Bautizar quiere decir "sumergir", así que llegamos a estar sumergidos en el Espíritu.

5.2. Estamos llenos, también, una bendita realidad.

5.3. Han de fluir ríos de agua viva de nuestro ser.

5.3.1. Estos ríos dan poder para vivir.

5.3.2. Dan poder para orar.

5.3.3. Dan poder para ser testigos.

6. Los dones del Espíritu Santo

6.1. Nos capacitan para servir a Dios.

6.2. Nos capacitan para ayudar a otros.

6.3. Nos capacitan como miembros del cuerpo de Cristo para ser usados para la edificación de la iglesia.

Conclusión

Un señor sacó un cable de su casa, el cual conectó con una planta generadora de electricidad que tenía mucha capacidad. Pero en su casa no había luz suficiente para ver. Se debía a que la bombilla que había instalado era de una capacidad sumamente pequeña. La culpa de una iluminación tan pobre no se debía a fallas de la planta, sino a la bombilla que no daba más.

El Espíritu Santo es como la planta que ofrece una potencia abrumadora, pero no la aprovechamos si no instalamos una bombilla de capacidad. Muy grande es nuestra necesidad de la potencia divina, de la obra del Espíritu Santo. ¡Preparémonos para recibirla!

Necesito un Ayudador

Juan 14:15-18

Introducción

No cabe en nuestro concepto de la personalidad de un presidente de una nación o de un rey que pueda o desee tomar el tiempo para ayudar a un niñito mocoso y sucio de dos años a subir unos escalones. Sin embargo, se ve al Creador y Gobernador del universo dando evidencia repetidas veces de ser Ayudador de la humanidad no tan amable. Dios se hizo humano para ayudar al hombre. En el día de Pentecostés el Todopoderoso también se dispuso a ayudar a los hombres.

Qué emoción cuando alguien se pone a nuestro lado para ayudarnos. Cuando yo era niño en la escuela, no me estaba saliendo bien el dibujo que hacía. Mi maestro se dio cuenta de eso y puso su mano sobre la mía y así me ayudó. De igual manera el Espíritu Santo se pone a nuestro lado para ayudarnos.

1. El Espíritu Santo tiene el nombre de Ayudador

1.1. El vocablo en el griego es *paracletos*.

1.2. Ser ayudador no significa ser mandón.

1.3. En el primer siglo un paracleto tenía ciertos oficios.

- 1.3.1. Consolar.
- 1.3.2. Actuar como abogado defensor.
- 1.3.3. Orientar, asesorar, aconsejar.
- 1.3.4. Ponerse al lado para ayudar en lo que hiciere falta en el momento.

2. El Espíritu Santo es Ayudador para reparar el interior del carácter

2.1. Dios desea el carácter de Cristo reproducido en sus hijos, pero ¿cómo?

2.2. El Espíritu produce un fruto sobrenatural en el creyente.

2.3. El Espíritu nos transforma a la imagen del Señor (2 Corintios 3:18).

2.4. Proporciona la manera de ganar la victoria sobre el pecado (Romanos 8:1-4).

Ilustración: Cuando se pasa un imán sobre un recipiente que contiene tierra y aserrín con puntillas regadas, el poder de atracción del imán vencerá todo lo que tapa las puntillas.

3. El Espíritu Santo es Ayudador para ministrar a Dios

3.1. Debido a la muerte de Cristo, el Espíritu Santo ahora puede presentarnos oficialmente al Padre (Efesios 2:18).

3.2. Al ser llenos del Espíritu podemos alabar al Señor de la manera debida (Efesios 5:18,19).

3.3. En la oración (Judas 20).

3.4. En la intercesión (Romanos 8:26).

4. El Espíritu Santo es Ayudador en las relaciones con nuestros hermanos

4.1. Nos bautiza en el cuerpo de Cristo (1 Corintios 12:13).

4.2. Nos ayuda a comprender quién somos en el cuerpo de Cristo.

4.3. Recibimos un ministerio de la Cabeza del cuerpo.

4.4. Nos ayuda a ver que los miembros nos pertenecemos unos a otros y, por lo tanto, debemos fomentar la unidad.

4.5. Nos apoya y ayuda para bendecir y ayudar a otros.

5. El Espíritu Santo es Ayudador en el evangelismo

5.1. Nos ayuda a ser testigos (Hechos 1:8).

5.2. Nos da una visión para llevar el evangelio a los perdidos.

5.3. Nos da una comprensión de la necesidad de los pueblos de otras culturas en todo el mundo.

Conclusión

¿Quién podrá quejarse de sus limitaciones y debilidades si a su lado está la tercera persona de la deidad para ayudarle gustosamente?

La esperanza

1 Corintios 13:13; Romanos 8:22-30

Introducción

En las familias que tienen tres hijos, a veces reciben mucha atención el primer hijo y el último, pero al segundo no se le da la misma atención ni la misma importancia.

Mucho se habla de la primera y la última de las virtudes teologales — la fe y el amor —, pero bien poco se habla de la segunda: la esperanza. Hay que tener cuidado de que no quede olvidada la segunda.

1. La esperanza es confianza gozosa

- 1.1. Podemos tener esperanza porque tenemos fe.
- 1.2. Podemos tener esperanza porque tenemos amor.
- 1.3. La esperanza se relaciona con el tiempo futuro.
  - 1.3.1. Se ejercita por lo que no se ve.
  - 1.3.2. Se ejercita por lo que se tiene que aguardar.
- 1.4. La esperanza se expresa por la paciencia.
  - 1.4.1. En 1 Tesalonicenses 1:3, el vocablo *hupomoné*, que en la Reina-Valera se traduce "constancia", tiene el concepto de persistencia, de perseverancia.
  - 1.4.2. En Romanos 5:3,4, el mismo vocablo *hupomoné* se traduce en la Reina-Valera como "paciencia", dando la idea de que las tribulaciones y aflicciones producen esta paciencia.
  - 1.4.3. Los mártires se mantuvieron firmes hasta el fin, soportando todo con constancia.

2. En esperanza soportamos con paciencia las tribulaciones

- 2.1. Porque no durarán para siempre.
- 2.2. Porque así se realizará el plan de Dios.
  - 2.2.1. Un ejemplo notable es José, quien tuvo que tener paciencia en el sufrimiento.

2.2.2. Moisés tuvo que soportar mucho con paciencia.

2.3. Porque las tribulaciones producen en nosotros el carácter de Cristo (Romanos 8:28-30).

3. En esperanza soportamos con paciencia las debilidades de los demás

3.1. Muchos pastores soportan las tribulaciones pero no quieren soportar las debilidades de otros.

3.2. A muchos cónyuges no les interesa soportar las debilidades de la pareja.

3.3. Bernabé y Pablo tuvieron que soportar las debilidades de los legalistas.

3.4. Bernabé estaba más dispuesto a soportar las debilidades de Juan Marcos que Pablo.

Ilustración: A cierto hombre que se había perdido en los vicios y en robos horrendos le hablaron del Señor en la penitenciaría. Allí fue salvo; pero al salir, no pudo resistir las tentaciones. Cayó varias veces y llegó a pensar que no era digno de volver a pedir la ayuda de Dios. Diferentes personas seguían animándolo y ayudándolo, manteniendo una esperanza contra esperanza. Al fin, llegó a vencer todo y ser un evangelista que con la misma esperanza y paciencia que había sido tratado ayudó a muchos de la vida más mala y miserable.

Conclusión

La esperanza nos ayudará a tener paciencia con Dios porque no vemos sus propósitos. En nuestra humanidad estamos en peligro de ser impacientes con Él. Nos ayudará a tener paciencia con nosotros mismos. Nos ayudará a tener paciencia con otros.

La iglesia: ciudad y ejército

Mateo 16:18; Lucas 14:25-35

Introducción

Muchas empresas van a la quiebra. Muchas instituciones pasan de moda. Pero la iglesia ha perdurado frente a toda índole de problemas y oposición. Ha habido persecuciones, obstáculos y mofa;, pero hoy está más fuerte que nunca.

1. La iglesia es una ciudad maravillosa

1.1. Cristo afirmó que la edificaría sin que las puertas del infierno prevalecieran en su contra.

1.2. Está asentada sobre un cerro (Mateo 5:14).

1.3. Su luz ilumina en el interior y resplandece en el exterior.

1.4. Proporciona protección y alimentación.

1.5. Ofrece la oportunidad para que sus habitantes tengan comunión unos con otros.

1.6. Tiene su reglamento que establece orden.

2. La iglesia es un ejército

2.1. Su comandante es su Rey.

2.2. Su comisión (Mateo 28:18-20).

2.3. Su fuerza.

2.3.1. Suplida por el Espíritu Santo.

2.3.2. Hay que ver la fuerza que tuvo la iglesia primitiva.

2.3.3. Las tropas son numerosas y suficientes para evangelizar.

2.4. Su tarea.

2.4.1. Hay tarea para cada persona.

2.4.2. Hay tarea para cada iglesia local.

2.4.2. Hay tarea especial para cada sección y distrito.

2.5. Los responsables para que se cumpla la tarea son antes que nada los pastores.

2.5.1. Deben ver que se lleven a cabo clases para nuevos miembros.

2.5.2. Deben entrenar a obreros locales.

2.5.3. Deben motivar y organizar puntos de predicación a cargo de obreros locales.

2.5.4. Deben motivar y organizar escuelas dominicales en los barrios.

- 2.5.6. Deben motivar y organizar campañas de visitación con literatura.
- 2.5.7 Deben poner énfasis en que cada creyente ha de trabajar.

2.6. Establecimiento continuo de nuevas iglesias.

2.7. La necesidad de una dedicación absoluta.

- 2.7.1. Todos tienen que trabajar.
- 2.7.2. Hay que dejar todo por Cristo (Lucas 14:33).
- 2.7.3. Esta dedicación abarca la disposición de sufrir por el Señor. En un ejército ya se sabe que el soldado va a tener que pasar padecimientos (2 Timoteo 2:3).

Conclusión

Llega el momento en que cada pastor y cada creyente tendrá que evaluar su iglesia y preguntar: "¿De veras es nuestra iglesia como una ciudad? ¿Es como un ejército potente? Pidámosle al Señor que nos ayude a cumplir con estas funciones y que nos proporcione el poder correspondiente.

Somos la luz del mundo

Mateo 5:14,15; Lucas 8:16

Introducción

¿Cuáles cuerpos dan luz en los cielos? ¿Cuál de ellos es verdaderamente fuente de luz? ¿Qué de nosotros si no tuviéramos ninguna luz? La inmensa mayoría de las plantas no pueden producir alimento para el hombre sin la luz. Nos desorientaríamos continuamente por no poder ver nada. No podríamos leer.

1. El concepto de Cristo de lo que es la iglesia

- 1.1. Él dijo que era la luz del mundo, pero también dijo: "Ustedes son la luz del mundo."
- 1.2. Somos como una ciudad sobre un cerro que con su luz guía al perdido.

1.3. Somos también la luz dentro de una casa, que ilumina.

1.4. Estamos puestos en el mundo como luz para que los hombres glorifiquen al Padre en los cielos.

2. El problema cuando se esconde la luz

2.1. Debajo de una "vasija", tinaja, cántaro.

2.1.1. Se trata de un utensilio de la casa, de la vida familiar.

2.1.2. Se puede referir a los afanes de la vida, a los quehaceres domésticos.

2.1.3. En la casa no se alcanza a hacer todo lo que se debe. No hay tiempo y como resultado no hay oración. Surgen momentos cuando falta la paciencia.

2.2. Debajo del almud (Lucas 11:33).

2.2.1. Se trata de una medida antigua de áridos que se usaba en el comercio.

2.2.2. Se puede referir a nuestros negocios, los cuales pueden llegar a tapar la luz.

2.3. Debajo de la cama.

2.3.1. Se puede referir a la pereza o indiferencia.

2.3.2. Hay quien no prepara la lección para dar su clase bíblica o no hace otros preparativos para el servicio del Señor.

2.3.3. Cuando no asistimos a los cultos llegamos a apagar la luz.

3. Nuestra luz puesta en un candelero

3.1. Nuestras buenas obras dan testimonio de lo que Dios ha hecho en nuestra vida.

3.2. Al haber sido llamados a la luz, reflejamos esa luz como la luna refleja la luz del sol.

3.2.1. Tenemos que hacer para otros lo que Cristo ha hecho por nosotros.

3.2.2. El hecho de hacer justicia y vivir con santidad sirve para reflejar la luz del Señor.

3.3. Debemos anunciarles las buenas nuevas a todos los que nos rodean.

3.3.1. Cualquiera lo puede hacer.

Ilustración: Me acuerdo de una hermana que tenía poco contacto con los incrédulos debido a los quehaceres como ama de casa. Pero quería ganar almas. Después de orar sobre su situación, Dios le puso en la mente que sí podía hablar de Cristo a los vendedores que venían a la puerta de su casa. Se dio cuenta de que tenía contacto con el vendedor de pan, con los mandaderos, con el lechero. Se asombró cómo Dios le dio un ministerio allí mismo a la puerta de su propia casa y logró ganar almas para Cristo.

3.3.2. El mundo debe darse cuenta de que estamos aquí.

4. La luz requiere alguna forma de energía

4.1. La planta eléctrica nos puede suministrar la corriente porque la genera a base de alguna forma de energía, sea energía térmica o hidráulica.

4.2. Hubo cinco señoritas que descubrieron la gran importancia de siempre tener aceite disponible.

4.3. Será imposible servir de luz como Cristo es luz si no tenemos el móvil y la dirección del Espíritu Santo.

Conclusión

Es fenomenal que Cristo dijera que somos la luz del mundo, función que Él se atribuyó a sí mismo. ¡Qué grande es la responsabilidad! Nos incumbe prestarle toda la importancia que tiene.

La resurrección: el dínamo del cristianismo

1 Pedro 1:3

Introducción

El que escribió las palabras de este texto no era ningún joven que acababa de recibirse y que tenía mucha teoría en la cabeza.

Hablaba lo que había experimentado. Sabía que la resurrección se trataba de un poderosísimo elemento porque había obrado en su vida una convicción que lo impulsaba. Este hecho que genera fuerza en la vida de uno es lo que hace una gran diferencia entre el cristianismo y otras religiones. Ninguna otra religión puede decir que su fundador ha resucitado de los muertos.

1. Produce una esperanza nueva

1.1. Los discípulos se desanimaron al ver a Jesús crucificado.

1.1.1. Caso de los que caminaban rumbo a Emaús.

1.1.2. Caso de Tomás.

1.2. Los discípulos se transformaron al quedar convencidos de que su Señor sí había resucitado.

1.2.1. No era una teoría sino una verdad presenciada.

1.2.2. Desapareció toda tristeza.

1.2.3. La noche se cambió en día.

2. Revela a un Señor nuevo

2.1. Caso de Saulo.

2.1.1. Iba furioso hacia Damasco.

2.1.2. Cristo se le hace un Señor nuevo.

2.1.3. El Señor nuevo lo vence de manera que Saulo exclama: "¿Qué quieres que haga?"

2.2. El encuentro produce un cambio de rumbo para Saulo. Le fue imposible seguir en su empeño de perseguir a los seguidores de Jesús.

3. Proporciona una vida nueva

3.1. Nos libra de la vida vieja.

3.2. Cristo nos imparte su vida de la resurrección.

3.3. Experimentamos la novedad de vida (Romanos 6 y 8).

Ilustración: Un imán sacará las puntillas del polvo en que estaban tiradas. Será otro mundo para esos pedacitos de hierro.

4. Resulta en una tarea nueva

4.1. Pedro había salido a pescar debido al desánimo (Juan 21:3).

4.2. El Señor resucitado se le aparece, comisionándolo a seguirlo, a apacentar sus ovejas, a llevar el evangelio por todas partes.

4.3. Se sentía apoyado porque sabía que el Señor había resucitado; hizo milagros.

5. Imparte una seguridad nueva

5.1. Procede de un punto de vista nuevo.

5.2. Casos históricos.

5.2.1. *Esteban.* Vio los cielos abiertos y al Hijo del hombre en pie a la diestra de Dios.

5.2.2. *Juan.* El Señor le dijo: "Yo soy el que vivo y he sido muerto."

Conclusión

Aun cuando hayamos sabido de Cristo por mucho tiempo, debemos ser más dinámicos después de darnos cuenta de que la resurrección produce en nuestra vida una esperanza nueva, una vida nueva, una tarea nueva y una seguridad nueva.

¿Cuál es la verdadera iglesia?

Mateo 16:18; Efesios 2:19

Introducción

Son muchas las voces que se oyen. Hay quienes insisten que su iglesia es la verdadera. Pero queremos buscar la que Jesús fundó. Queremos ser parte de aquella que esté edificada sobre el verdadero fundamento. ¿Cómo sabremos distinguirla de las demás?

1. El fundamento lo indica: "Sobre esta roca" (Mateo 16:18)

1.1. Se trata de una roca que no es Pedro.

1.1.1. Pedro mismo la descubrió.

1.1.2. En el griego el nombre Pedro es *ho pétros*.

1.1.3. El Señor no empleó el nombre “Petros”, cuando dijo “sobre esta roca” sino *he pétra*, que significa peña, roca o peñasco.

1.2. Jesús, el mismo que hablaba, es la roca.

1.2.1. Esta revelación fue dada por el mismo Espíritu de Dios.

1.2.2. Sobre Jesús tenemos que afirmar nuestra fe.

1.3. Las palabras de Jesús son la roca (Mateo 7:24-27).

1.3.1. Le toca al que oye esas palabras ponerlas en acción.

1.3.2. Con las palabras del Señor de base, uno forma sus valores de moralidad, los cuales influyen en su vida.

2. Lo indica el crecimiento y la extensión ya que el Señor afirmó: “Edificaré mi iglesia”

2.1. La verdadera iglesia predicará el mensaje que hace crecer: “Cristo vive hoy.”

2.2. El Espíritu Santo es agente que hace crecer a la iglesia de Cristo.

2.2.1. Es la fuente de vida interior de la congregación.

2.2.2. Obra en forma soberana. A veces ni la misma iglesia comprende sus propósitos.

3. Lo indican los materiales de construcción

3.1. El Espíritu Santo coloca las piedras.

3.2. Se trata de piedras vivas.

3.2.1. Cada creyente aporta su propio testimonio.

3.2.2. Una persona, por humilde que sea, si está llena del Espíritu, sirve para hacer extender la iglesia.

3.3. Las piedras de la verdadera iglesia se hallan unidas, lo que da fuerza a la iglesia.

3.4. Las piedras de la verdadera iglesia son responsables; cumplen su deber.

4. Lo indica la preseverancia

4.1. Los planes de Satanás de destruir a la iglesia no prevalecen.

4.2. La verdadera iglesia sufrirá la prueba de persecuciones.

4.3. Todos los demonios del infierno caerán encima de la verdadera iglesia, pero no podrán contra ella.

Conclusión

No quisiera equivocarme. Quiero estar con la iglesia verdadera, la que tiene buen fundamento, la que se extiende, la que tiene materiales admirables, la que perdura. Y podré tener la satisfacción de ver que esa misma iglesia permanecerá hasta el fin, contra los ataques de sus enemigos.

Motivos de la llegada del Espíritu Santo

Hechos 1:4-8

Introducción

¿De qué es capaz la hormiga? De mucho. Puede llevar cargas más pesadas que su propio cuerpo. Es el más inteligente de todos los insectos. Las hormigas organizan su colonia en una manera formidable. Trabajan mucho; pero tienen sus limitaciones. Ninguna podría llegar a ser alcalde de la ciudad. No tienen quién sea capaz de practicar una intervención quirúrgica.

De la misma manera el hombre es un ser maravilloso, de mucha capacidad. Pero el hombre con su propio esfuerzo no puede actuar ni ser como Cristo. Tiene que depender del Espíritu Santo, el cual vino para ayudarnos en este aspecto.

1. Es nuestro Paracleto (Juan 14:16)

1.1. Es vínculo entre el Cristo resucitado y el creyente.

1.2. Nos interpreta la redención.

1.3. Imparte los beneficios de la persona y obra de Cristo.

2. Nos enseña los propósitos divinos (Hechos 1:7)

1.1. Isaac no comprendía lo que sucedía cuando su padre se preparaba para sacrificarlo; figuradamente moría para luego vivir.

1.2. Los discípulos anhelaban ver el reino de Cristo en la tierra; deseaban reinar pronto, pero no entendían la misión de la iglesia a través del Espíritu Santo.

1.3. Nuestros pensamientos y planes son inadecuados.

1.3.1. Nuestros pensamientos y planes nos inquietan con pretender lograr nuestros deseos egoístas.

1.3.2. Tenemos que hacer morir nuestras ambiciones personales como Abraham tuvo que estar dispuesto a ofrecer a su tan esperado hijo a Dios.

1.4. Tenemos que hacer nuestros los pensamientos de Dios.

3. Nos imparte un amor divino (Romanos 5:5)

3.1. Amor a las almas.

3.2. Nuestro corazón palpita sincronizado con el corazón de Dios.

3.3. Este amor no es de nosotros.

4. Nos hace ofrecer plegarias a Dios (Romanos 8:26)

4.1. No sabemos orar.

4.2. No vemos lo que perjudicaría y lo que no.

4.3. No comprendemos todo el plan de Dios.

4.4. A veces perdemos la capacidad de expresarnos correctamente mientras oramos.

4.5. El Espíritu Santo, siendo nuestro Ayudador, toma cartas en el asunto e intercede por el mundo a través de nosotros.

5. Nos imparte fuerza divina (Hechos 1:8)

5.1. Nos impulsa para que les hablemos a otros acerca del plan de Dios.

5.2. Nos imparte energía física y espiritual cuando nos hallamos sin ninguna.

5.3. No le importa que somos vasos humildes, el Espíritu Santo nos proporciona lo que necesitemos.

Conclusión

La verdad es que en nosotros mismos no tenemos la más mínima posibilidad de cumplir con la comisión que nos ha dado nuestro Salvador. Somos humanos, y la tarea es abrumadora. La lucha es contra soldados de otra esfera superior. Sólo con la ayuda del Espíritu Santo podremos cumplir.

El alcance del evangelio

Mateo 28:18-29

Introducción

¿Quién puede decir que nació de una manera más humilde que Jesús? Me parece que no puede haber ninguno. Quiere decir, pues, que el que trajo el evangelio carecía de influencia, números, posición social, de todo. Sus seguidores no ofrecían grandes posibilidades para que el evangelio tuviera éxito. Sin embargo, en la actualidad, nos asombramos al ver el alcance que ha tenido y que tiene el evangelio.

1. El alcance en cuanto a su AUTORIDAD: Toda potestad

1.1. El impacto de la resurrección en la vida de los discípulos.

1.1.1. Se habían entristecido al extremo de hallarse deprimidos.

1.1.2. Estaban perplejos.

1.1.3. Cambiaron totalmente al ver al Señor resucitado.

1.1.4. El resultado de verlo fue una fe inmovible.

1.2. La Gran Comisión que se registra en nuestro texto fue dada a los seguidores entre dos grandes sucesos poderosos: la resurrección y el Pentecostés.

1.3. La resurrección respalda el evangelio.

1.4. Con la nueva dimensión de la obra del Espíritu Santo después del Pentecostés, uno de los ministerios del Espíritu es el de revelar a Cristo.

2. El alcance en cuanto a su MENSAJE: Todas las cosas

2.1. "Que prediques la Palabra"; el pleno evangelio.

2.2. Un mensaje redentor que abarca la salvación, la liberación, el perdón.

2.3. Un mensaje para el mundo entero y la sociedad.

2.3.1. El cristianismo ha de tener un plano vertical: el hombre y la mujer han de establecer una relación íntima con Dios.

2.3.2. El cristianismo ha de tener un plano horizontal: servir al prójimo, hacerle bien.

2.4. Un mensaje de poder.

2.5. Un mensaje para el individuo.

2.5.1. Invita a mirar a Cristo en la cruz.

2.5.2. Invita a fijarse en la resurrección.

2.5.3. Invita a pasar al Pentecostés para resaltar la nueva vida en Cristo, para comprender la libertad en Cristo, para ser bautizado en el amor.

2.5.4. Suple las necesidades de la parte espiritual del ser.

2.5.5. Suple las necesidades de la parte física del ser.

2.5.6. Remedia la necesidad fundamental de la personalidad.

2.5.7 Ayuda a la persona a enfrentar complejos y temores.

2.6. El mensaje es Cristo.

3. El alcance en cuanto al PUEBLO beneficiado: Todas las gentes

3.1. A todas las clases sociales.

3.1.1. Ricos y pobres.

3.1.2. Instruidos y analfabetos.

3.2. Para todo ser humano como individuo.

3.3. Puede solucionar todo problema, no importa la gravedad.

4. El alcance en cuanto a las ÉPOCAS: Todos los días

4.1. Es moderno y es antiguo.

4.2. Es el mensaje para hoy.

4.3. Para días de guerra.

4.4. Para días de paz.

4.5. Para días de prosperidad.

4.6. Para días de pobreza.

Conclusión

El evangelio es para usted. ¿Entrará al reino de Dios o quedará fuera? Puede gozar del triunfo final porque Cristo acompaña a los que anuncian su verdad. Si Cristo está con nosotros, ¿qué más necesitamos?

Propósitos de la resurrección de Cristo

Hechos 2:32

Introducción

El cristianismo es la única religión cuyo fundador resucitó. La resurrección es una prueba infalible de que Jesús es el Hijo de Dios. La incredulidad de Tomás, quien quedó convencido de esta verdad, apuntala nuestra fe. Confirma el hecho un enemigo a quien apareció el Cristo resucitado: Pablo. Esteban lo vio en el cielo a la mano derecha de Dios.

¿Cuáles eran algunos de los propósitos de la resurrección?

1. Para nuestra justificación (Romanos 4:25)

1.1. Si resucitó el Señor, sabemos que su sacrificio fue aceptado.

1.2. Con la muerte del Señor alcanzamos su perdón, y con la resurrección alcanzamos la justicia.

1.2.1. No es una justicia humana.

1.2.2. Nosotros nos hallábamos en quiebra porque no tenemos ninguna justicia en nuestra cuenta.

1.2.3. Se trata de la justicia de Dios mismo que se consigna a nuestra cuenta.

1.2.4. Cuando lleguemos al cielo tendremos una entrada válida porque no se podría rehusar admisión a una persona con la justicia divina.

2. Para ser nuestro sacerdote (Hebreos 7:24-25)

2.1. Como Hijo, Jesús tiene todo derecho para entrar al tabernáculo.

2.2. Teniendo un Mediador con credenciales inigualables no hay necesidad de otro.

3. Para asegurar nuestra propia resurrección (1 Tesalonicenses 4:14)

3.1. En nuestra humanidad sería fácil dudar si no hubiera alguna seguridad.

3.2. Si Él fue las primicias de los muertos, uno se da cuenta de que pronto se ha de recoger la cosecha total.

4. Para juzgar a vivos y muertos (Hechos 17:31)

4.1. Por todas partes se ve en este mundo que muchos mueren sin haber pagado sus maldades y pecados.

4.2. A los incrédulos que gritan que no puede existir Dios, porque no hay justicia en el mundo, hay que decirles que aguarden porque les llegará a todos la cita con el Juez resucitado.

Conclusión

Hay que darle importancia al hecho de la muerte de nuestro Señor, pero de igual manera hay que darle importancia a su resurrección. Y hay que pensar con toda solemnidad en el hecho de que todos tendremos que comparecer ante el Señor para dar cuenta de lo que hemos hecho en esta vida y para ser juzgados. No es poca cosa.

DISFRUTE DE OTRAS PUBLICACIONES DE EDITORIAL VIDA

Desde 1946, Editorial Vida es fiel amiga del pueblo hispano a través de la mejor literatura evangélica.

Editorial Vida publica libros prácticos y de sólidas doctrinas que enriquecen el caudal de conocimiento de sus lectores. Nuestras Biblias de estudio poseen características que ayudan al lector a crecer en el conocimiento de las Sagradas Escrituras y a comprenderlas mejor. *Vida Nueva* es el más completo y actualizado plan de estudio de Escuela Dominical y el mejor recurso educativo en español. Además, nuestra nueva serie de grabaciones de alabanzas y adoración, *Música con Vida*, renueva su espíritu y llena su alma de gratitud a Dios.

En las siguientes páginas se describen otras excelentes publicaciones producidas especialmente para usted. Adquiera productos de Editorial Vida en su librería cristiana más cercana.

DISFRUTE DE UN ESTUDIO PRÁCTICO SOBRE LA PLENITUD DEL ESPÍRITU SANTO

La Biblia de Estudio Pentecostal ofrece todo lo que necesita usted para un profundo estudio, entendimiento y aplicación del texto bíblico. Algunas de las características de la Biblia son:

- 77 artículos del Antiguo y Nuevo Testamento sobre temas de importancia, tales como la sanidad divina, la voluntad de Dios, el hablar en lenguas, la victoria sobre Satanás y los demonios, y las normas de moralidad.
- Notas de estudio detalladas en la parte inferior de cada página,
- Símbolos Referenciales en los márgenes que remiten al lector a los artículos, diagramas y mapas a todo color.
- 12 Símbolos Temáticos ubicados en los márgenes, que indican pasajes que tratan temas sobre la vida dirigida por el Espíritu Santo.
- Índice temático exhaustivo.
- 16 mapas a todo color y 28 diagramas.
- Versión Reina-Valera 1960.